Ulrich Götz

Die Seele stärken

Ulrich Götz

Die Seele stärken

Anregungen zu einer ressourcenorientierten Seelsorge Ein Praxisbuch

Fromm Verlag

Impressum / Imprint
Bibliografische Information der Deutschen Nationalbibliothek: Die Deutsche Nationalbibliothek verzeichnet diese Publikation in der Deutschen Nationalbibliografie; detaillierte bibliografische Daten sind im Internet über http://dnb.d-nb.de abrufbar.

Bibliographic information published by the Deutsche Nationalbibliothek: The Deutsche Nationalbibliothek lists this publication in the Deutsche Nationalbibliografie; detailed bibliographic data are available in the Internet at http://dnb.d-nb.de.

Coverbild / Cover image: www.ingimage.com

Verlag / Publisher:
Fromm Verlag
ist ein Imprint der / is a trademark of
AV Akademikerverlag GmbH & Co. KG
Heinrich-Böcking-Str. 6-8, 66121 Saarbrücken, Deutschland / Germany
Email: info@frommverlag.de

Herstellung: siehe letzte Seite /
Printed at: see last page
ISBN: 978-3-8416-0384-5

Inhalt

Vorwort

Was hat mich bewogen, dieses Buch zu schreiben?
Als Klinikseelsorger begegne ich Menschen, die durch Krankheit, Traumata oder besondere Belastungen in eine schwierige Lebenssituation geraten sind. Vielfach verlangen sie nach einem Seelsorger, weil sie spüren, dass all die Widrigkeiten ihr Leben erschüttert, ihre Seele gekränkt haben.
Was kann ich tun für eine gekränkte Seele? Was tut der Seele gut? Was stabilisiert sie? Was lässt sie aufatmen, heil werden? Wie kann das Leben wieder ins Gleichgewicht kommen? Sind Spiritualität und Glauben heilsam? Wie kann ich im Rahmen der Seelsorge zur Genesung von Leib und Seele beitragen? Genügt es, empathisch zuzuhören, ein Gebet zu sprechen?
Manchmal hatte ich das Gefühl, dass mein „seelsorgerlicher Handwerkskoffer“ unzureichend bestückt ist.
Zunächst erschien mir es wichtig, die Kräfte in den Blick zu nehmen, die jeder Mensch in sich hat, die ihn in die Lage versetzen, die Herausforderungen zu meistern.
Andererseits gibt es Potentiale, die einem Menschen angeboten werden können. Diese aktivieren die inneren Kräfte und tragen somit zur Bewältigung der Lebensaufgaben bei.
So habe ich mich auf die Suche begeben nach bestärkenden Ressourcen, nach heilsamen Impulsen, nach Möglichkeiten, Menschen aufzurichten, ihre Seele zu ermutigen. Für mich war es berührend, wie viele biblische Texte vor allem darauf abzielen, Menschen wertzuschätzen, sie zu trösten, sie in ihrem Selbstwert und in ihrer Zuversicht zu stärken. In der Seelsorgepraxis vergangener Zeiten fanden sich interessante Herangehensweisen, der Seele gut zu tun, besondere Gebetsformen, Meditations- und Imaginationstechniken. Im Spektrum psychotherapeutischer Arbeit sind ganzheitliche, ressourcenorientierte und auch Spiritualität integrierende Konzepte vorhanden, aus denen sich eine gemeinsame Blickrichtung mit der Seelsorge ergibt.
Damit lässt sich das Repertoire seelsorgerlichen Handelns erweitern. Wie das geschehen kann, soll im Folgenden beschrieben werden. Das Buch trägt Grundzüge, Anregungen und zahlreiche praxisnahe Beispiele zusammen für eine ressourcenorientierte und bestärkende Seelsorge.
Es mag hilfreich sein für alle, die in ihrer seelsorgerlichen Arbeit nach Gestaltungsmöglichkeiten und Unterstützungsangeboten suchen.

Ulrich Götz

1. Einführung

1.1. Was bedeutet Ressourcenorientierung?

Ressourcenorientierung ist ein Zauberwort[1]. Es weckt Vorstellungen von der Entdeckung ungeahnter Schätze, versteckten Quellen und verborgenen Kräften. Immer häufiger wird es gebraucht, um die Blickrichtung einer spezialisierten therapeutischen Arbeit zu beschreiben. Ressourcenorientierte Ansätze gibt es im Bereich der Psychotherapie und Psychoonkologie, in der Sozialpädagogik, in der Lerntherapie, in der Lebens- oder Paarberatung. Auch in der Seelsorge wird man sich bewusst, dass eine Orientierung auf die Ressourcen einer zu begleitenden Person sinnvoll und hilfreich ist.
Was aber verbirgt sich hinter diesem Begriff Ressource?
Ressource ist vom lateinischen Wort „resurgere" abgeleitet, was soviel bedeutet wie „hervorquellen, emporkommen, wiedererstehen". Synonyme Begriffe sind Kraftquelle, Potentiale, Stärken. Jeder Mensch lebt aus solchen Kraftquellen. Er braucht sie für seine Lebensgestaltung, für sein inneres Gleichgewicht, für die Bewältigung besonderer Herausforderungen, für seine Stabilität.
Quellen haben die Besonderheit, dass sie zur Verfügung stehen, dass aus ihnen geschöpft werden kann, dass sie aber auch ungenutzt vor sich hin plätschern können. Mitunter sind Quellen auch verschüttet, so dass sie erst entdeckt und erschlossen werden müssen.

Aus sozialtherapeutischer Perspektive kommt eine Vielzahl von Potentialen in den Blick:
Die körperliche Verfassung eines Menschen, seine physische und psychische Belastbarkeit, Fähigkeiten, Fertigkeiten, Begabungen, seine Intelligenz und Auffassungsgabe, Flexibilität, Durchsetzungsvermögen, Ausdauer, soziale und emotionale Kompetenzen, Kontaktfähigkeit, ein Repertoire von Bewältigungsstrategien, ein gesundes Selbstwertgefühl, Optimismus, Humor u. a .m.
Auch Kultur ist eine Ressource, Literatur, Lieder, Musik, Familie, Partnerschaft, Liebe und Wertschätzung durch andere, Freundschaften, soziale Kontakte und Unterstützungssysteme, ebenso Bildungs- und Arbeitsmöglichkeiten, gesunde Zeitstrukturen.
Eine ressourcenorientierte Arbeitsweise zielt darauf ab, die Potentiale ins Bewusstsein zu rufen, einem Menschen die Sinne zu schärfen für die Möglichkeiten, die vorhanden sind, um eine Krise zu bewältigen oder das seelische Gleichgewicht wieder zu finden. Dem geht die Grundannahme

[1] Beushausen: Ressourcenorientierte stabilisierende Intervention S. 287

voraus, dass erwünschte Veränderungen möglich sind durch die Unterstützung und Aktivierung der Potentiale. Dies konnte auch durch wissenschaftliche Untersuchungen belegt werden. Darüber hinaus vermittelt die Orientierung auf die Ressourcen einem Menschen: Du bist mehr und kannst mehr, als du gerade von dir wahrnimmst. Durch die Wahrnehmung der eigenen Kräfte erweitern sich die Handlungskompetenzen. Hilflosigkeit und destruktive Denkmuster können überwunden werden.
Bereits vor einigen Jahrzehnten wurde die gesundheitspsychologische Forschung auf Potentiale aufmerksam, die im religiösen Kontext verwurzelt sind.
Besonders in den USA wurden seit den 1990er Jahren zahlreiche Studien durchgeführt, die einen Zusammenhang zwischen Glauben und Gesundheit bzw. Krisenbewältigung feststellen konnten.

1.2. Spiritualität als Ressourcen

Spiritualität ist ein schillernder Begriff. Er wird beansprucht von den unterschiedlichsten religiösen und weltanschaulichen Strömungen. Er beschreibt z.B. ein neugieriges Interesse an Esoterik ebenso wie eine strenge klösterliche Lebensweise. Spiritualität ist demnach nicht gleichbedeutend mit Religiosität. Religiosität entsteht in der Regel durch Berührung mit dem Erfahrungsschatz verfasster Religionen, ist enger mit Traditionen und Wertesystemen verbunden. Spiritualität ist der weiter gefasste Begriff, schließt also Religiosität mit ein.
Inhaltlich lässt sich der Begriff Spiritualität schwer fassen. Er bleibt offen. Phänomenologisch lässt sich aber sagen, dass Spiritualität eine Geisteshaltung darstellt, mit der Menschen versuchen, ihr Leben zu verstehen, Ereignisse zu deuten, den Anforderungen des Lebens zu begegnen. Spiritualität ist wie Religiosität in einem erweiterten Erfahrungshorizont verankert, der eine transzendente, über die Alltagserfahrungen hinausgehende Wirklichkeit einschließt.

Der amerikanische Psychologe Gordon Allport beschäftigte sich bereits in den 1960er Jahren mit dem Phänomen der Religiosität. Er unterschied zwei Ebenen des religiösen Verhaltens:

- Zunächst ist jeder Mensch eingebunden in ein System von Traditionen, Verhaltensmustern, Werten, Bekenntnissen. Sie werden von außen an ihn herangetragen, bilden den äußeren Rahmen des religiösen Lebens, kommen nicht aus der eigenen Motivation. Allport spricht von extrinsischer Religion.

- Menschen haben aber auch einen inneren Antrieb, über ihren eigenen Horizont hinaus zu denken. Sie haben einen individuellen, verinnerlichten Glauben, einen eigenen spirituellen Erfahrungsschatz. Sie entscheiden selbst, wie sie ihr spirituelles Leben gestalten. Allport spricht von intrinsischer Religion. [2]

Was Allport zum besseren Verständnis des religiösen Verhaltens herausgearbeitet hat, gilt gleichermaßen für die Spiritualität als Ressource. Einerseits sind die Ressourcen im Menschen angelegt, bestimmen aus innerer Motivation sein Verhalten. Andererseits sind sie in seinem Umfeld vorhanden. Wenn sie auch nicht verinnerlicht worden sind, sind sie doch abrufbar.
Diese Erkenntnis ist für die Seelsorge insofern bedeutsam, weil sie an der Religiosität eines Menschen anknüpfen kann. In der seelsorgerlichen Begegnung kann aber auch etwas zum Schwingen kommen, was an ihn herangetragen, was ihm angeboten wird. Z.B. kann es sein, dass ein Mensch, der bisher kaum einen Bezug zum christlichen Glauben hatte, das Angebot des Segnens annimmt. Es entsteht eine Resonanz. Die Sehnsucht eines Menschen und der Zuspruch von Segen können in Einklang kommen. Seelsorge hält also auch spirituelle Ressourcen bereit, die von einem Menschen genutzt und schließlich auch verinnerlicht werden können. Der Zuspruch mobilisiert letztlich auch die eigenen Kräfte.

Als spirituell können folgende Ressourcen angesehen werden:

- Sich einem Höheren anvertrauen,
- sich in eine übergreifende Geborgenheit eingebettet wissen,
- die Fähigkeit transzendent (über sich hinaus) zu denken,
- glauben, beten und danken können,
- Hoffnungsbilder haben,
- sich getragen, behütet und von Gott geliebt wissen,
- Gnade und Segen spüren,

aber auch

- eingebunden sein in eine Gemeinschaft von Glaubenden,
- „KumPane“ sein, mit anderen Menschen beim Abendmahl das Brot teilen,
- Zuspruch und Wertschätzung zu erfahren, getröstet werden
- Segnung, Fürbitte u.a.m.

[2] Ehm/Utsch: Kann Glaube gesund machen? S .22

Wenn man von Spiritualität als Ressource spricht, geht man von der Annahme aus, dass sie wirklich eine Kraftquelle ist, dass sie unterstützende und gesundheitsfördernde Effekte aufzuweisen hat.

1.3. Ist Spiritualität heilsam?

Es gibt im englischsprachigen Raum inzwischen weit über 1000 Studien, die eine positive Wirkung von Spiritualität auf die Genesung von körperlichen Erkrankungen nachweisen.[3]
Mediziner der Harvarduniversität fanden z.B. heraus, dass regelmäßiges Beten entspannend wirkt und damit die Therapie von Bluthochdruck, Herzrhythmusstörungen und chronischen Schmerzen unterstützt.
In einer anderen Studie wurden Risikofaktoren für die Sterblichkeit nach einer Herzoperation zusammengetragen. Man stellte fest, dass sich durch einen Mangel an Religiosität die Häufigkeit von Komplikationen erhöht, dass sich Trost und Zuspruch positiv auf die Genesung auswirken.[4]
Einer Umfrage zufolge sind zwei Drittel der amerikanischen Hausärzte von der gesundheitsfördernden Wirkung des Glaubens überzeugt. [5]
Auch die Wirkung von Fürbittgebeten wurde untersucht. An der University of California wurde bei 393 Patienten, die einen Herzinfarkt erlitten hatten, eine so genannte Doppelblindstudie durchgeführt, das heißt, weder Ärzte noch Patienten wussten, für welche Patienten gebetet wurde. Bei gleicher Behandlung wurden 192 Patienten in die Fürbitte eingeschlossen. Die Betenden erfuhren nur den Namen und den Gesundheitszustand der betroffenen Personen. Sie trafen sich einmal täglich zum Fürbittgebet. Bei den Patienten, für die gebetet wurde, gab es deutlich weniger Komplikationen. Sie benötigten weniger Medikamente und mussten seltener künstlich beatmet werden.
Um der Skepsis gegenüber dieser Untersuchung zu begegnen, wurde sie Jahre später mit einer größeren Patientenzahl und einem veränderten Versuchsaufbau wiederholt. Das Ergebnis war in etwa identisch mit dem der ersten Studie. Die Behandlungsgruppe, für die gebetet wurde, hatte um 11% bessere Messwerte.[6]
Zu ähnlichen Ergebnissen kamen Studien, die den Zusammenhang zwischen Religiosität und psychischen Erkrankungen untersuchten. Spiritualität kann depressiven Verstimmungen vorbeugen.

---

[3] Ebd. S. 7
[4] Murken: Gottesbeziehung und psychische Gesundheit S. 78
[5] Utsch: Hilft Glaube heilen? S. 8
[6] Ebd. S. 7

Im deutschsprachigen Raum wurden vergleichbare Untersuchungen durchgeführt. Allerdings belegen die Ergebnisse der Messungen in Deutschland nicht so eindeutig den Zusammenhang zwischen spirituellen Lebensformen und Gesundheit.
Der Religionspsychologe Sebastian Murken beschäftigte sich Ende der 1990er mit der Frage: Hilft die Gottesbeziehung bei der Lebensbewältigung? In einer psychosomatischen Klinik wurden 465 Patienten nach ihrem Glauben, ihrer Beziehung zu Gott, nach ihrer persönlichen religiösen Lebensgestaltung befragt. Murken resümiert: „Entgegen den Hypothesen gelang es jedoch nicht zu zeigen, dass Religiosität eine Ressource bei der Verarbeitung innerer und äußerer Anforderungen sein könnte."[7]
Die Psychologin und Theologin Monika Kögler ging der Frage nach, ob Spiritualität den Therapieerfolg unterstützt. Im Focus der Untersuchung waren ebenso psychosomatische Erkrankungen. Auch sie konnte keine nennenswerten gesundheitsfördernden Effekte von Spiritualität feststellen. Lediglich eine Verbesserung des Wohlbefindens war bei denen zu verzeichnen, die sich einer „höheren Instanz" anvertrauen konnten.[8]

Wie kommen die einander widersprechenden Untersuchungsergebnisse in den USA und im deutschsprachigen Raum zustande?
In den USA herrscht eine Religionskultur, die mit der in Deutschland nicht vergleichbar ist. Nach der 13. Shell Jugendstudie beten z.B. nur 8% der männlichen jugendlichen Gottesdienstbesucher, während drei Viertel der amerikanischen Erwachsenen mit dem Gebet vertraut sind und wenigstens einmal in der Woche beten.[9] Wenn auch knapp zwei Drittel der Deutschen bekennen, dass sie an Gott glauben, scheint die Religiosität in den USA einen deutlicheren Bezug zum alltäglichen Leben zu haben. Nur wo Spiritualität aus innerer Motivation im Alltag gelebt wird, kann sie ihre Wirkung entfalten. Die psychologischen Studien beziehen sich vielfach auf die Aussagen und „Bekenntnisse" der befragten Personen, auf die Fragen nach Glaubensinhalt, Gottesdienstbesuch, Gebetsaktivität, nach der Beschäftigung mit religiösen Fragen usw. Sie bilden aber nur im geringen Maß die inneren Prozesse ab, erfassen nicht die Individualität des Vertrauens, nicht die „Qualität" einer Gottesbeziehung. Wenn ich überzeugt bin, dass es einen Gott gibt, hilft mir das so wenig wie die Überzeugung, dass Lachen gesund ist. Erst wenn ich herzhaft lachen kann, erschließen sich mir heilsame Kräfte.
Religionspsychologische Befragungen sind immer auch abhängig vom gesellschaftlichen Kontext, von der allgemeinen Akzeptanz religiöser Lebensformen, vom Alltagsbezug, von der Verinnerlichung des Glaubens.

---

[7] Murken S. 158
[8] Kögler: Spiritualität als Ressource? S. 79
[9] Ehm/Utsch: Kann Glaube gesund machen? S. 9

Neurobiologische Forschungen bestätigen diesen engen Zusammenhang zwischen dem individuellen Erleben und den heilsamen Effekten. So schreibt der Neurobiologe Gerald Hüther, dass sich alles, was wir als anregend, bestärkend, harmonisierend und stimulierend in uns aufnehmen, auch positiv und gesundheitsfördernd auf Körper und Seele auswirkt. Dabei kommt es zur Ausschüttung des Antistresshormons Oxytocin.[10]
Bezogen auf das religiöse Erleben bedeutet das: Wo ich spüre, dass der Glaube mich bestärkt, aufbaut und ermutigt, kommen auch Körper und Seele besser in Balance. Allein die Vorstellungen und inneren Bilder, dass ein Helfer da ist, dass Engel um mich sind, dass ich mich anvertrauen kann und geborgen weiß, reduzieren Angst und krankmachenden Stress. Das Gleiche geschieht auch beim Hören von als wohltuend empfundener Musik oder auch bei der Erfahrung von tragender Gemeinschaft.[11] Menschen fühlen sich behütet und getröstet, auch dann, wenn sich der erhoffte Therapieerfolg nicht einstellt. So gesehen kann Spiritualität einen eigenständigen Beitrag zur gesundheitlichen Stabilisierung leisten.

1.4. Ziele einer ressourcenorientierten Seelsorge

Patientenbefragungen an deutschen Kliniken belegen ein wachsendes Interesse an spirituellen Fragen. Einer Studie zu Folge suchen 86% der an Krebs erkrankten Patienten nach Halt, Sinn und neuer Orientierung für ihr Leben. 52 % sind davon überzeugt, dass ein Zugang zu spirituellen Quellen den Krankheitsverlauf günstig beeinflussen könnte.[12]
Damit ist Seelsorge herausgefordert, gemeinsam mit Menschen in Krisensituationen nach diesen Quellen zu suchen.
Was kann eine ressourcenorientierte Seelsorge leisten?
Zunächst muss wohl gesagt werden, was sie nicht leisten kann und nicht leisten will:
Sie kann nicht therapeutisch arbeiten in dem Sinne, dass sie den Glauben oder das Gebet als Instrumente der Heilung einsetzt. Der Baseler Arzt Jakob Bösch, der selbst von der Wirksamkeit religiöser Potentiale überzeugt ist, warnt vor einem kausalen Wirkungsverständnis von Spiritualität: „Als Folge der mechanischen Wirksamkeitsvorstellungen können gerade wesentliche Wirkungen verpasst oder verschleiert werden… In doppelblinden, kontrollierten Studien wird Gott- so scheint es- zum Helfer des vordergründigen Körper-Reparaturbetriebs gemacht.“[13]

---

[10] Reddeman: Überlebenskunst S. 45
[11] Ebd.
[12] Ehm/ Utsch: Kann Glaube gesund machen? S.45
[13] Zit. bei Ehm/Utsch: Kann Glaube gesund machen? S.13

Spiritualität lässt sich nicht verordnen wie ein Medikament. Seelsorge hat auch nicht unbedingt die Absicht, Therapieerfolge abzusichern. Dennoch gibt es eine Fülle von Möglichkeiten, wie Seelsorge Menschen beistehen kann, wie sie begleiten, ermutigen und bestärken kann, wie sie Zugänge schaffen kann zu heilsamen Quellen.

Eine ressourcenorientierte Seelsorge

- möchte Raum schaffen für Offenheit und Vertrauen, in dem Sehnsucht, aber auch Klage Ausdruck finden kann;
- möchte die Achtsamkeit und Wertschätzung Gottes nahe bringen und zur Selbstwertschätzung ermutigen;
- möchte Erleichterung schaffen, dass Menschen aufatmen können;
- möchte zur Wahrnehmung der inneren Schätze beitragen;
- möchte ein Gespür wecken für die Kraftquellen, die in jedem Menschen und im sozialen Kontext vorhanden sind;
- möchte ermutigen, den Kräften zu vertrauen, die Gott in jeden Menschen hineingelegt hat, die er neu zufließen lässt;
- möchte Hilfestellung leisten bei der Suche nach Potentialen und Strategien zur Bewältigung von Lebensaufgaben;
- möchte Menschen in ihrem Streben nach heilvollen Veränderungen unterstützen;
- möchte Menschen begleiten auf ihrer Suche nach Halt und Sinn, nach dem Heiligen im eigenen Leben;
- möchte Zugänge schaffen zu einer womöglich „verschütteten" Spiritualität;
- möchte Spiritualität einüben, wenn es dem Bedürfnis und der Sehnsucht eines Menschen entgegenkommt;
- möchte Menschen unterstützen, wo sie nach Deutungen ihres Schicksals und nach der Bedeutung ihres Lebens suchen;
- möchte Zuspruch geben, welcher Resonanz in den eigenen Lebens- und Glaubenserfahrungen findet;
- möchte Hoffnungsbilder anbieten, in denen sich die eigene Sehnsucht widerspiegelt;
- möchte nach Worten suchen, mit deren Hilfe eigene Sprachlosigkeit überwunden werden kann;
- möchte zu einem Perspektivenwechsel verhelfen, wo der Blick für die eigenen Möglichkeiten verstellt war;
- möchte Rituale anbieten, die die eigene Kraft und das Vertrauen in das Leben stärken;
- möchte nach Ressourcen suchen, die Menschen auch in unheilbarer Krankheit und im Sterben Halt geben;

- möchte Menschen dazu verhelfen, das Leben zu bejahen, sich mit dem eigenen Leben zu versöhnen, sich Misslungenes verzeihen zu können, zu innerem Frieden und zur Dankbarkeit zu finden.

Aus diesen Zielen seelsorgerlicher Arbeit ergibt sich eine gemeinsame Blickrichtung mit therapeutischen und medizinischen Behandlungsstrategien. Wo Seelsorge eine klare Zielsetzung, ihre Kompetenzen und Möglichkeiten patientenbezogener Unterstützung formulieren und aufweisen kann, werden die Konturen seelsorgerlichen Bemühens klarer erkennbar. Sie entgeht damit dem Verdacht eines kirchenbezogenen Eigennutzes, dem Verdacht, nur kirchliche Betreuungsstruktur mit missionarischen Ambitionen zu sein. Damit ist eine ressourcenorientierte Seelsorge zwar nicht in die therapeutischen Systeme integrierbar. Sie lässt sich auch nicht instrumentalisieren. Sie gewinnt aber eine assoziative Position, d.h. sie bleibt im Blickfeld der im System Arbeitenden und kann als sinnvolle Ergänzung der therapeutischen Maßnahmen gesehen werden. Sie bringt ihr spirituelles Profil, ihre am biblischen Menschenbild orientierte Ethik und ihre nicht effizienzdominierte Arbeitsweise in das System des Krankenhauses oder anderer Einrichtungen ein.

2. Ressourcensuche in den biblischen Texten

Grundlage für eine ressourcenorientierte Seelsorge ist die humane Qualität der biblischen Überlieferung.
In der Bibel ist ein Jahrtausende altes Wissen versammelt, um Quellen, aus denen dem Menschen Weisheit, Weisung und Heil zufließen. Man könnte diese Quellen als archaische Ressourcen bezeichnen. Sie sind da, ob ich darauf vertraue oder nicht. Sie sind Ausdruck höchster Wertschätzung allen Lebens. Sie vermitteln ein Gefühl ursprünglicher Geborgenheit, Zugehörigkeit und Verbundenheit mit allem, was uns umgibt. Sie lassen etwas ahnen von einer großen, geheimnisvollen Heiligkeit, die in der gesamten Schöpfung vorhanden ist. Die biblischen Texte beschreiben Erfahrungen, wie Menschen von diesen Kraftquellen profitierten. Die Texte enthalten Hoffnungsbilder, die den Blick über bedrückende Alltagserfahrungen hinaus heben. Es gibt Worte, die geeignet sind, Angst und Sprachlosigkeit zu überwinden. Es werden Geschichten erzählt, die ermutigen, sich einem Höheren, sich Gott anzuvertrauen, sich behütet zu wissen. Und die Bibel setzt auf die Möglichkeit, etwas zu verändern, zeichnet beispielhaft Veränderungsprozesse auf, wie Menschen schwierigste Lebenssituationen gemeistert haben, wie sie Krisen durchstehen und kraftvoll neue Wege gehen konnten. Die Bibel ist ein Buch voller Zuspruch und Trost, ein Buch der liebevollen, heilvollen und segensreichen Zuwendung Gottes. In der Seelsorge versuche ich, Menschen mit den ursprünglichen Kräften, mit dem Heiligen in Berührung kommen zu lassen.

2.1. Der dem Menschen zugewandte Gott

Der Kirchenvater Chrysostomos (349-407) nannte Gott den Unbegreiflichen. Gott lässt sich nicht fassen und ergründen. Das ist das Ergebnis eines Jahrhunderte langen theologischen Nachdenkens. Dennoch entstehen in den biblischen Erzählungen lebendige Bilder, die den unbegreiflichen Gott „anschaubar" machen, ihm ein menschliches Gesicht geben. Betrachtet man die einzelnen Aussagen über Gott als kleine Mosaiksteinchen, so entsteht das Bild eines leidenschaftlich liebenden Gottes. Gott wird beschrieben als ein Verbündeter, als Gegenüber. Deshalb verwendet der jüdische Theologe Martin Buber das Wörtchen DU als einen Namen für Gott.
Nun ist die Bibel nicht in erster Linie für Theologen geschrieben worden, damit sie infolge ihres wissenschaftlichen Bemühens stimmige Aussagen über Gott machen können. Jede biblische Geschichte veranschaulicht, dass der Glaube an Gott im Leben der Menschen, in ihrem Hoffen, in ihrer Sehnsucht verwurzelt ist. In ihre Lebenserfahrungen hat sich Gottes Wirken

hineingezeichnet, wenn auch in manchmal schwer zu ergründender Weise. Aber es bleibt in aller Unbegreiflichkeit ein Zutrauen, ein Vertrauen, eine Leben fördernde Inspiration.
Die Bekenntnisse des alten Israels preisen Gott als Helfer und Begleiter, der sein Volk aus Ägyptischer Gefangenschaft geführt hat, der den Weg durch unwegsames Gebiet bahnte, der in Nachterfahrungen Lichtzeichen setzte, der die Sehnsucht der Menschen zu stillen wusste. Mose rief Gott an mit dem kraftvollen Namen „Gott des Lebensgeistes“. Der Glaube der biblischen „Urgestalten“ war ein Vertrauen auf den befreienden, mitgehenden, bewahrenden und Leben schaffenden Gott.
Diesem Gott traute man auch zu, dass er die ganze Welt, alles Leben, den ganzen Kosmos geschaffen hat. Aus seiner Kreativität ging die Sonne hervor, der Mond, die Erde mit Gebirgen, Flüssen, Meeren, mit einer Vielfalt an Pflanzen und Tieren, und schließlich der Mensch in seiner Schönheit und Einzigartigkeit. Allem Lebendigen hat Gott seinen Lebensodem eingehaucht. Vollendet wird die Schöpfung mit dem Tag der Ruhe, die sich wohltuend und stärkend über alles breiten sollte, was lebt. „Und Gott sah alles an, was er gemacht hatte, und siehe, es war sehr gut.“(1. Mose 1,31) Die Güte der Schöpfung veranschaulicht die Güte des Schöpfers.
All diese Vorstellungen, die in den Schöpfungstexten formuliert worden sind, assoziieren eine ursprüngliche Verbundenheit von Himmlischem und Irdischem, eine Geborgenheit, die alle und alles überspannt. Vielleicht sind sie gar nicht vordergründig theologische Betrachtungen, vielmehr Texte, die zur Imagination geeignet sind, die das Vertrauen in das Leben stärken, die zu einer Kraftquelle werden.

Die Bildersprache der Psalmen weiß Gott in einer Vielfalt von Begriffen zu benennen, die durchweg positive Gedankenwelten eröffnen: „Der Herr ist mein Hirte.“ „ Gott ist unsere Zuversicht und Stärke.“ „ Der Herr ist mein Licht und mein Heil.“ „ Er ist meines Lebens Kraft.“ „Gott, mein Schutz, meine Zuflucht, meine Burg.“ Diese Bezeichnungen sind Bekenntnisse, die eine Erwartung an Gott und zugleich eine Vergewisserung und Bestärkung in sich tragen. Sie sind reduzierte Sprache. Wahrscheinlich haben sie ihren „Sitz im Leben“ im Stoßgebet, in der Anrufung Gottes in notvollen Situationen. Ingo Baldermann bezeichnet sie als „Namen des Vertrauens“, die im Feuer der Angst gehärtet sind und in äußerster Finsternis Licht zu geben vermögen.[14]
Gott wird in der gesamten biblischen Überlieferung als gnädiger Gott angerufen und gepriesen. Die Verbindung mit Gott wird als entlastend erlebt. „Bei dem Herrn ist Gnade, viel Erlösung ist bei ihm“, heißt es am Ende des

[14] Baldermann: Wer hört mein Weinen? S. 62

sechsten Bußpsalms, in dem der Beter aus der Tiefe seiner Schuld Gott um Vergebung bittet. Wenn Gott als Richter gesehen wird, dann als einer, der Gnade vor Recht ergehen lässt, der über alle Strenge die Liebe stellt. Sein Richten ist ein Aufrichten.

Im Neuen Testament werden die Gottesbezeichnungen des Alten Testaments aufgegriffen und erweitert. Jesus spricht von Gott als dem Vater. Dies ist ein Begriff der liebevollen Verbundenheit, der Zuwendung und Fürsorge. Damit wird Gott zum nächsten „Angehörigen", zu einer nahbaren Person, zum vertrauten Ansprechpartner. Ihm wird gewissermaßen ein Platz im „familiären" Beziehungssystem zugewiesen, das Rückhalt, Schutz und Freiraum bietet.
Gott ist Liebe, heißt es im 1. Johannesbrief. D.h. Gott wird gleichgesetzt mit der kreativen und unbändigen Energie, die Verliebte kennen, die sie beflügelt, die es möglich macht, über sich selbst hinauszuwachsen, Sinn und Glück zu spüren.

Natürlich gibt es in der Bibel auch andere Namen für Gott, die vielmehr die Undurchschaubarkeit seines Handelns verdeutlichen. An der Vorstellung eines „Allmächtigen Gottes" z.B. knüpfen sich manche Zweifel und In-Frage-Stellungen: Wie kann Gott so viel Leid zulassen, wenn er allmächtig ist? Warum hilft er mir nicht in meiner Not? Gerade in der Seelsorge werde ich häufig mit diesen Fragen konfrontiert und ich spüre, wie schwer ich mit diesem theologischen Begriff der Allmacht Gottes umgehen kann. Das hebräische Wort *schaddai*, was in der Lutherübersetzung mit „allmächtig" wiedergegeben wird, könnte auch noch ganz anders verstanden und übersetzt werden. Es entstammt der gleichen Sprachwurzel wie das Wort *schad,* was die Mutterbrust bzw. die stillende Mutter bezeichnet. Ist der El Schaddai, der allmächtige Gott vielleicht vielmehr noch der nährende Gott, der den Hunger der Seele und manchen Kummer „stillt", der seinen Segen fließen lässt?

Als der Hl. Chrysostomos sein Traktat über die Unbegreiflichkeit Gottes schrieb, verband er damit auch eine seelsorgerliche Absicht. Er wollte Menschen ermutigen, auch schwere Lebenswege als Wege Gottes zu begreifen, sie anzunehmen, sie in die eigene Biografie einzuordnen. Sie gereichen uns nicht zwangsläufig zum Schaden. Die Anstrengungen, die das Leben abfordert, lassen uns reifen, machen uns stark. Durchgestandene Leiderfahrungen werden zu Ressourcen.
In der seelsorgerlichen Situation versuche ich, durch meine zugewandte Haltung, Gottes liebevolle Zuwendung erfahrbar zu machen, Menschen auch in ihrem Zweifel, in Glaubens- und Lebenskrisen nahe zu sein.

2.2. Das wertschätzende Menschenbild

„Gott schuf den Menschen zu seinem Bild, zum Bild Gottes schuf er ihn, und schuf sie als Mann und Frau.“ Dieser Satz aus dem 1. Buch Mose hebt den Menschen auf den Sockel höchster Wertschätzung. Seine Würde muss er sich nicht erarbeiten. Sie ist ihm im Schöpfungsprozess mitgegeben. Das Göttliche ist in ihn hineingestaltet. Der Mensch, ein Abbild, eine Entsprechung Gottes. Es wäre nun müßig zu ergründen, worin die Gottesebenbildlichkeit oder Gottähnlichkeit besteht und worin sie nicht besteht. Was dieser biblischen Aussage aber zugrunde liegt, ist die grundsätzliche und voraussetzungslose Würdigung jeder menschlichen Existenz.

In mehreren biblischen Texten wird sie in ähnlichen Formulierungen wiederholt: Der 8. Psalm setzt sich mit der Frage auseinander: Was ist der Mensch? Und er findet zur Antwort: Er ist wenig niedriger gemacht als Gott. „Mit Ehre und Herrlichkeit hast du ihn gekrönt. Gott, du hast ihn zum Herrn gemacht über deiner Hände Werk.“ Wer diese Zeilen mitsprechen kann, darf sich wie ein König fühlen.

In den Zeilen des 23. Psalms werden die alten Rituale der Gastfreundschaft erkennbar: „Du salbst mein Haupt mit Öl.“ Ehrenwerte Gäste wurden im alten Orient von ihren Gastgebern empfangen, indem ihnen ein Becher mit Wasser oder Wein gereicht und die Stirn mit einem aromatisch duftenden Öl gesalbt wurde. In der Vorstellung des Betenden ist Gott der Gastgeber, der ihm mit überschwänglicher Freundlichkeit begegnet. Ebenso wurden Könige gesalbt als Zeichen der göttlichen Zuwendung und des göttlichen Schutzes. Sie wurden als Gesalbte Gottes bezeichnet. Auch das könnte in dem Psalmvers anklingen. Salbungen waren in alter Zeit schon deshalb Ausdruck höchster Ehrerbietung, weil Salböle sehr kostbar waren.

Der Prophet Jesaja gibt dem Volk Israel Gottes Versprechen auf Erlösung aus der babylonischen Gefangenschaft weiter mit der Begründung, “weil du in meinen Augen so wertgeachtet und auch herrlich bist und weil ich dich lieb habe.“(Jesaja 43,4) Könnte dies nicht auch Leitspruch für die Seelsorge sein? Was würde es mit einem Menschen machen, würde ich meinen seelsorgerlichen Besuch so ankündigen und begründen: „Weil Sie in meinen Augen so wertgeachtet und herrlich sind, weil ich Sie lieb habe…“?

Die Liebe Gottes zum Menschen wird im Neuen Testament noch umfangreicher beschrieben. In Jesus Christus hat die Liebe Gottes eine menschliche Gestalt bekommen: „Darin ist erschienen die Liebe Gottes unter uns, dass Gott seinen eingeborenen Sohn gesandt hat in die Welt.“(1. Johannes 4,9) Paulus schreibt an die Gemeinde von Rom: “Ich bin gewiss, dass weder Tod…noch keine andere Kreatur uns trennen kann von der Liebe

Gottes, die in Christus Jesus ist, unsern Herrn.“ Liebe ist wohl der innigste Ausdruck von Wertschätzung, die einem Menschen entgegengebracht werden kann.
Die Wertschätzung Gottes hat im biblischen Kontext auch eine ethische Komponente. Aus Gottes Zuspruch leitet sich der Anspruch ab, sich selbst und seinen Nächsten zu lieben. „Einer achte den andern höher als sich selbst.“ mahnt Paulus. Keiner wird da ausgeschlossen aus dieser Ethik der Wertschätzung. Es gibt keine Ausnahmeregelung für Ausländer, Versehrte, krank- oder alt gewordene Menschen, auch nicht für Trunkenbolde oder augenscheinlich gescheiterte Gestalten. Was für eine Dynamik der gegenseitigen Hochachtung könnte entstehen, wenn diese gelebt werden würde.
Dass das biblische Menschenbild nicht an der Wirklichkeit vorbei geht, verdeutlichen die Begriffe Gnade und Vergebung. Sie setzen voraus, dass der Mensch zwischen gut und böse unterscheiden kann, dass er aber seiner Verantwortung nicht gerecht wird. Menschliches Tun und Lassen verstrickt sich immer wieder in Schuld. Hier setzt die neutestamentliche Christologie an. Jesus nahm die Schuld der Welt auf sich, damit sich Menschen mit Gott und mit ihrer eigenen Unzulänglichkeit versöhnen können.
So konnte der Apostel Paulus ehemalige Diebe und kleine Gauner als Heilige, ehemalige finstere Gesellen als Kinder des Lichts bezeichnen. Der Glaube, nicht die gestrenge Einhaltung von Gesetzen und moralischen Verpflichtungen wird als Potential der Wandlung und Erneuerung begriffen. Die frühen missionarischen Bemühungen der christlichen Gemeinden zeigen, dass jedem zugetraut wurde, sich zu wandeln, das eigene Leben aus einer neuen Perspektive, nämlich als von Gott geliebt und angenommen zu sehen. Liebe braucht keine Vollkommenheit.
Das Menschenbild der Bibel provoziert. Es widerspricht jeder Form von Menschenverachtung. Es steht der menschlichen Neigung, andere oder auch sich selbst zu entwerten, entgegen. Es erübrigt alle Anstrengungen, sich selbst zu rechtfertigen bzw. ins rechte Licht zu rücken. Es ermutigt zur gegenseitigen Achtsamkeit und zur Selbstwertschätzung.

2.3. Zuspruch und Segen

Segen wurde seit alter Zeit verstanden als eine Leben spendende Kraft, die von Gott ausgeht. Wo Segen zugesprochen wird, wird das Leben bereichert. Wo Segen zufließt, kann etwas wachsen und aufblühen. Nach den Schöpfungserzählungen segnete Gott die Tiere, den Sabbat und den Menschen. Der Segen stattet sie aus mit der Gabe, für einander nützlich zu sein, dem Leben zu dienen. Segen ist darauf ausgerichtet, Gutes zu bewirken,

etwas zum Guten hin zu wandeln. Mit dem Segen im Schöpfungsakt werden Menschen und Tiere aufgefordert, sich zu vermehren, die Erde mit ihrer Vielfalt zu füllen. Segen setzt also etwas in Bewegung, ist initiativ und kreativ.
Auch die biblischen Urväter Noah, Abraham, Isaak wurden von Gott gesegnet. Hier kommt Segen einer Verheißung gleich. Sie beinhaltet Gottes Zusage, alle Zeit nahe zu sein.
Wenn in der Bibel von Segen die Rede ist, macht sie deutlich, dass Segen ein Geschenk ist. Ihm wird zugetraut, dass er sich ohne Mühe und eigenes Zutun entfalten kann. „Der Segen des Herrn alleine macht reich, und nichts tut eigene Mühe hinzu.“ heißt es im Buch der Sprüche. Segen lässt sich nicht erarbeiten. Er fließt zu, unverdient, vielleicht sogar unerwartet. Aber er ist da. Er ist nur insofern „verfügbar“, dass er gewünscht und erbeten werden kann. Segen hat so gesehen auch eine materielle Komponente und wird zusammengedacht mit Erbe, Reichtum, Wohlstand.
In den unterschiedlichsten Bereichen des Lebens kann Segen wahrgenommen werden: Im Wachsen und Gedeihen der Natur. Eine gute Ernte konnte als Segen bezeichnet werden. Eine große Nachkommenschaft galt als Segen. Und wenn ein Weinkeller einen reichen Bestand an gut gefüllten Krügen und Zisternen hatte, war dies auch ein Gottesgeschenk. Oft wird dem Wort Segen das Verb überschütten zugeordnet, Gott überschüttet mit gutem Segen. Dahinter steht die Vorstellung, dass der „göttliche Vorrat“ an Segen unermesslich ist. In märchenhaft anmutenden Bildern beschreibt der Prophet Maleachi, wie Gott die Fenster des Himmels öffnet und die Fülle seines Segens herab fließen lässt.
Dem Segen wurde auch eine Schutzfunktion beigemessen. Häuser wurden gesegnet, d.h. alle Bewohner, das Vieh und alles Getier waren somit unter Gottes Schutz und Segen gestellt.
Wie uns die alten Sprachen aus biblischer Zeit verraten, steht die Bedeutung des Wortes Segen mit den Worten „heil“ und „heilig“ im Zusammenhang. Segen ist etwas Heiliges, Teilhaben am Heiligen. Segen ist Berührung mit der Heiligkeit und der Wirkungskraft Gottes, wird aber auch spürbar in ganz individuellen Erfahrungen, in den Prozessen der Heilung, des inneren Heilwerdens und Friedenfindens.
Segen wurde weitergegeben. Er war ein Vermächtnis. Väter segneten ihre Söhne. Sie verbanden den Zuspruch mit der Geste der Handauflegung. Der Segen des zuerst geborenen Sohnes wurde als so wertvoll erachtet, dass Jakob sich den Segen des alten Isaak erschlichen hat.
Ursprünglich war das Segnen verknüpft mit magischen Vorstellungen. Segnen und Verfluchen wurden als Praktiken verstanden, die das Lebensschicksal im Negativen wie im Positiven wirksam und nachhaltig beeinflussen konnten.

Die Segenshandlungen haben im Verlauf der Zeit feste Formen angenommen und sich zu Ritualen ausgebildet. Bei gottesdienstlichen Feiern und Festen wurden die Versammelten mit priesterlichem Segen bedacht. Bei der Begrüßung oder beim Eintritt in ein Haus wurden Segensformeln gesprochen: „Gottes Friede sei mit dir." und „Friede sei mit diesem Haus.". Man hat einander Segen zugesprochen.
Der Zuspruch von Segen hat eine energetische Komponente. Er bleibt nicht ohne Wirkung. Als Seelsorger kann ich mit dem energetischen Potential des Segnens arbeiten.

2.4. Die Kraft des Glaubens

Es ist gar nicht so leicht, das Phänomen des Glaubens in Worte zu fassen. Der Verfasser des Hebräerbriefes bemüht sich um eine Definition: „Glaube ist eine feste Zuversicht auf das, was man hofft, und ein Nichtzweifeln an dem, was man nicht sieht."(Hebräer 11, 1) Ihm geht es hier also nicht vordergründig um Glaubensinhalte. Er betrachtet den Glauben gewissermaßen aus psychologischer Perspektive. Glaube hat mit Zuversicht und Hoffnung zu tun. Damit werden Kräfte benannt, die uns in die Lage versetzen, uns mit den Widrigkeiten des Lebens nicht abzufinden, über die Begrenzungen hinauszublicken. Glaube ist folglich die Fähigkeit, nicht zu zweifeln und zu verzweifeln, wenn eine erwartete Veränderung oder eine Wendung zum Guten noch nicht in Sicht ist. Von dieser Kraft des Glaubens erzählt die Bibel, von der Kraft des Vertrauens, die Menschen nicht resignieren lässt, die sie ermutigt, vorantreibt. Sie hat Menschen geholfen aufzubrechen aus bedrückenden Lebensverhältnissen, Krisen durchzustehen, Angst zu überwinden, sich von Bedrohungen, Gefahren, Krankheit, selbst vom Tod nicht erschüttern zu lassen. Gott ist die Quelle, aus der solche Lebenskraft zufließt. Gott zu vertrauen, macht stark und ermutigt, sich dem Leben wieder zuzuwenden. Wie ein roter Faden durchzieht dieses Bekenntnis die Texte der Bibel.
Gottes Kraft wurde erfahren als körperliche Ertüchtigung: „Gott stärkt mich mit Kraft" sagt David im Kampf gegen die Angriffe feindlicher Kohorten.
Noch häufiger wird von der Stärkung der Seele gesprochen: „Du gibst meiner Seele große Kraft", bekennt ein Psalmbeter. Der Prophet Jesaja tröstet die Israeliten in babylonischer Gefangenschaft, die in ausweglos erscheinender Situation müde und depressiv geworden sind: „Gott gibt dem Müden Kraft, und Stärkung genug dem Unvermögenden. Die auf den Herrn harren, kriegen neue Kraft, dass sie auffahren mit Flügeln wie ein Adler, dass sie laufen und nicht matt werden, dass sie wandeln und nicht müde werden." (Jesaja 40, 29ff).

Wenn die Propheten in die düstere Wirklichkeit der Menschen so ermutigend hineinreden, hat das oft etwas Visionäres. In diesen Visionen findet der Glaube an Gott seinen Ausdruck, dem zugetraut wird, dass er düstere und bedrückende Verhältnisse wandeln kann. Und die befreiende Veränderung ist schon in Gang gekommen, wo Menschen zuversichtlicher und vertrauensvoll in die Zukunft blicken können. So bietet Jesaja den Gefangenen ein Bild von einer heilvollen Zukunft an, von der sie sich eigentlich meilenweit entfernt fühlten: „Die Wüste und Einöde wird frohlocken, und die Steppe wird jubeln und wird blühen... in aller Lust und Freude." (Jesaja 35,1f). Die frohlockende Einöde, die blühende Wüste sind Urbilder für jede ersehnte und hoffnungsvolle Veränderung. Sie bekommen von Jesaja eine Funktion zugewiesen: „Stärkt die müden Hände und macht fest die wankenden Knie! Sagt den verzagten Herzen: Seid getrost, fürchtet euch nicht! Seht, da ist euer Gott!" (Jesaja 35, 3f). Die scheinbar irrationalen Visionen haben ein Kraftpotential. Sie werden zu stärkenden Bildern. Manchmal ist wirklich entscheidend, was man kommen sieht. Negative Erwartungen können extrem Kräfte raubend sein, während Zuversicht ungeahnte Kraftreserven freisetzen kann. Mein seelsorgerliches Bemühen kann darauf abzielen, Menschen in der Gewissheit zu stärken, dass Gott für sie da ist, dass sie von ihm etwas erwarten können. Glaube bedeutet mehr, als sich mit tradierten Bekenntnissen zu arrangieren. Glaube ist eine Kraft. Jeder kann sie nutzen.

Im Neuen Testament wird fassettenreich beschrieben, wie sich der Glaube kraftvoll entfaltet. Der Evangelist Lukas fasst das Wirken Jesu mit den Worten zusammen: „Die Kraft Gottes war mit ihm, dass er heilen konnte." Das griechische Wort für Kraft ist „dynamis". Es bezeichnet u. a. auch die Schlagkraft eines Heeres, die Heilkraft eines Medikaments, die Wirkkraft eines Menschen. Die Kraft, die von Jesus ausgeht, überträgt sich. Viele Wundererzählungen veranschaulichen diese Dynamik. Besonders eindrucksvoll schildern die Evangelisten die Heilung des Gelähmten von Kapernaum. Von vier Trägern wird er auf seinem Bett getragen, durch das Dach des Hauses, in dem Jesus sich befand, gehievt und Jesus vor die Füße gelegt. Jesus sagt ihm: „Steh auf, nimm dein Bett und geh heim." Und er nahm sein Bett, ging hinaus. Die kraftvollen Worte Jesu haben die eigenen Kräfte des Gelähmten mobilisiert. Er konnte wieder auf den eigenen Beinen stehen und gehen, ja sogar sein Bett auf die Schulter nehmen. In anderen Heilungsgeschichten sagt Jesus: „Dein Glaube hat dich gesund gemacht." Im Glauben erschließt sich die heilvolle Stärkung.

Der auferstandene Christus spricht seinen Jüngern diese „Kraft aus der Höhe" zu. Das Pfingstfest signalisierte einen neuen Aufbruch. Die Jünger konnten ihre Resignation hinter sich lassen. Sie spürten eine Energie, die sie

beflügelte, überall von ihrem Glauben zu reden, Strapazen auf sich zu nehmen, sich um Kranke zu kümmern, ihren Besitz mit den Armen zu teilen. Paulus bekennt: „Das Evangelium ist eine Kraft Gottes, die selig macht.", die Sinn gibt und glücklich macht, würden wir heute formulieren.
Im 2. Korintherbrief schreibt er ganz offen über seine leidvollen Erfahrungen und Schwächen. Aber er fühlt sich im Glauben bestärkt und hört Christus zu sich sprechen: "Meine Kraft ist in den Schwachen mächtig." „Da bin ich guten Mutes", schreibt er „in Schwachheit, in Misshandlungen, in Nöten, in Verfolgungen und in Ängsten um Christi willen, wenn ich schwach bin, bin ich stark."(2. Korinther 12,10).
Das waren nicht nur Worte, die der Apostel wohlklingend zu formulieren wusste. Sein Glaube war „alltagstauglich". Im Gefängnis, die Füße im Block, begann er zu singen, Gott zu loben. Er hat sich nicht abbringen lassen, wagehalsige Seereisen zu unternehmen, um das Evangelium weiter zu tragen. Dreimal hat er Schiffbruch erlitten. Als er sich einmal auf die Insel Malta gerettet hatte, biss ihn beim Sammeln von Feuerholz eine giftige Schlange. Die Inselbewohner, die es sahen, waren entsetzt. Sie warteten darauf, dass er tot umfällt. Paulus ließ sich vom Missgeschick wenig beeindrucken, schleuderte die Schlange ins Feuer, trocknete seine Kleidung, fiel nicht tot um. Nun glaubten die Leute, er sei ein Gott, dem das tödliche Gift nichts anhaben kann. Es war aber die Kraft seines Gottvertrauens, die ihn widerstandfähig machte.
Offenbar kann es gelingen, Bedrohliches abzuschütteln, Angst zu überwinden, sich das Leben nicht vergiften zu lassen, wenn man sich mit der „Quelle des Lebens" verbunden weiß.

2.5. Worte gegen die Angst

Die Angst ist im menschlichen Leben so präsent, dass sie auch in den biblischen Erfahrungsberichten immer wieder vorkommt. Viele Texte beschreiben die Auseinandersetzung mit der Angst, beschreiben Prozesse der Ermutigung. Es gibt Worte, die der Angst widersprechen. Die Boten Gottes sind unterwegs, den geängstigten Menschen zu sagen: Fürchtet euch nicht! Dies ist eine der häufigsten Wendungen zur Ankündigung himmlischer Botschaften. Gott lässt die Engel so reden, damit es keine Missverständnisse gibt: Er will nicht, dass Menschen in Furcht leben. Wo das Schicksal zur „Zu-mutung" wird, fließt auch Kraft und Mut zu.
Welche Worte sind geeignet, einem Menschen seine Angst zu nehmen, gelassener mit den Herausforderungen des Lebens umzugehen? Welche Worte taugen heute noch zur Ermutigung?

Nun liefert die Bibel keinen Katalog von Sprüchen, die die Angst ganz und gar vertreiben würden. In den Texten ist aber ein anderer Weg erkennbar, der zeigt, wie der Furcht begegnet werden kann, indem erst einmal Worte *für* die Angst gefunden werden. Die bedrückende Enge wird aufgebrochen.
Besonders in den Psalmen kommen die Ängste ganz elementar zur Sprache: „Die Angst meines Herzens ist groß!" - „Todesängste haben mich getroffen." - „Das Wasser geht mir bis an die Kehle." - „Mein Herz ist wie zerschmolzenes Wachs."
In Erinnerung an die gefahrvolle Flucht des Volkes Israel aus der ägyptischen Gefangenschaft heißt es: „Wir schrieen zu Gott. Und Gott hörte unser Schreien und er sah unsere Angst."(5. Mose 26). Die Angst wurde herausgeschrieen und Gott geklagt. Angst darf gezeigt werden, kann sich „sehen lassen", muss nicht versteckt werden. Die Klage entwickelt eine eigene Kraft. Sie wird zum Widerstand gegen die Angst.[15] Und die Gewissheit, dass das Rufen Gehör findet, dass die Angst gesehen wird, entlastet und beruhigt. Gottes Antwort auf alles Schreien, auf alle Angst ist in seinem Namen verschlüsselt: „Jahwe - Ich bin da."
Im 23. Psalm wird bildhaft beschrieben, wie sich die Furcht auflöst, wo mit Gottes Da-Sein gerechnet wird: „Und ob ich schon wanderte im finstern Tal, fürchte ich kein Unglück; denn du bist bei mir." Das gehört ganz sicher auch zum Erfahrungsschatz, den wir in der Kindheit gesammelt haben: Wenn Vater oder Mutter in der Nähe waren, hielt sich die Angst vor Dunkelheit oder kläffenden Hunden in Grenzen. Wir trauten den Eltern zu, dass sie schützen und bewahren können. Um dieses Zutrauen geht es auch in den biblischen Texten. Auch der auferstandene Christus sagt: „Ich bin bei euch alle Tage." Ich bin bei euch in eurer Angst, in Krankheit und Sorgen, in aller Dunkelheit, in Abschied und Tod. Dieser Zuspruch machte aus verängstigten Jüngern mutige Apostel.
Eng verwoben mit der Klage gibt es Worte, die diese Gewissheit ebenso elementar ausdrücken wie die Angst: „Gott, du mein Helfer" - „ Gott, mein Schirm und Schild" - „Wir haben einen Gott, der da hilft", „der vom Verderben erlöst." Diese komprimierten Sätze erinnern an Beschwörungsformeln. Sie sind Gegenworte gegen die Angst, „die die gleiche emotionale Tiefe erreichen und dort der Angst standzuhalten vermögen".[16] Der Angst werden Worte der Zuversicht und des Vertrauens solange entgegengestellt wie in einem inneren Dialog, bis sie „argumentativ" unterlegen ist.
All diese Worte gegen die Angst haben etwas gemeinsam: Sie verorten den geängstigten Menschen in der Gewissheit, dass Gott da ist. „Wenn ich mitten in der Angst wandle, erquickst du mich."(Psalm 138, 7).

[15] Baldermann: Wer hört mein Weinen? S. 60
[16] Ebd. S. 62

Damit weitet sich der Blick. Er ist nicht so sehr auf das Angstmachende fixiert, wenn auch die Gefahren noch präsent sind. Der Angst wird nicht so viel Macht eingeräumt, dass sie das gesamte Leben einengt. Diese Sichtweise befreit. So gesehen stärkt das Gottvertrauen das Selbstvertrauen.

2.6. Die Psychotherapie der Psalmen

Der Psychoanalytiker Erich Fromm beschäftigte sich in seiner Auseinandersetzung mit dem alttestamentlichen Gottesbild auch mit den Psalmen. In vielen dieser Psalmen entdeckte er eine Dynamik, die ihn an psychotherapeutische Prozesse erinnerte. Auffällig ist der Stimmungswandel, der im Grunde nur mit einer erfolgreichen Bewältigung anfänglicher Angst und Depression zu erklären ist. Fromm beobachtet: Der Psalm „beginnt in einer traurigen, niedergedrückten Stimmung...Am Ende des Psalms hat sich die Stimmung gewandelt; jetzt herrschen Hoffnung, Glaube und Vertrauen.“[17] Aus einem verzweifelten und angsterfüllten Menschen ist ein Mensch voller Hoffnung und Glauben geworden. Gefühle verlangen nach Ausdrucksformen. Allein dass die Verzweiflung ihren Ausdruck findet, wirkt entlastend. Nach Fromms analytischer Interpretation spielt sich dieser Prozess im Unbewussten des Menschen ab. Er müsse erst von der ganzen Tiefe der Verzweiflung berührt werden, um sich so von ihr lösen zu können. „Nur dadurch, daß man das schmerzhafte Unbewußte bewußt macht (möge es sich um Verzweiflung, Angst oder Haß handeln), was bedeutet, der Dinge gewahr zu werden, die man bisher nicht wahrnahm, kann man sich von dem befreien, was ins Bewußtsein gebracht wurde.“ [18]
Diese Wandlungen werden in den Psalmen bildhaft in Worte gefasst:
Psalm 31: „Ich bin geworden wie ein zerbrochenes Gefäß.“ (V.13)
„Ich aber hoffe auf dich und spreche: Du bist mein Gott.“ (V.15)
Psalm 54: „Gewalttäter trachten mir nach dem Leben.“(V. 5)
„Siehe, Gott steht mir bei, der Herr erhält mein Leben.“(V.6)
Psalm 56: „Meine Feinde stellen mir täglich nach.“(V. 3) „Auf Gott hoffe ich und fürchte mich nicht. Was können mir Menschen tun?“(V.12)
Psalm 69: „Ich versinke im Schlamm, wo kein Grund ist. Ich bin in tiefe Wasser geraten, und die Flut will mich ersäufen. Ich weine bitterlich.“(V.3+11) „Ich will den Namen Gottes loben mit einem Lied und will ihn hoch ehren mit Dank.“(V. 31)
Sicherlich liegt zwischen diesen polarisierten Aussagen ein innerer Prozess, der sich nicht detailliert rekonstruieren lässt. Oft kommt die Wende überraschend. Die Psalmen geben die Erfahrungen allerdings auch sehr

[17] Fromm: Ihr werdet sein wie Gott. S. 167
[18] Ebd. S. 209

„verdichtet" wieder, insofern, dass sie konzentriert formuliert sind, ohne ausschweifende Kommentierungen. Darüber hinaus sind sie Dichtung, nach metrischen Regeln verfasste Texte. Zuweilen wird deutlich, wie hart die Auseinandersetzungen mit dem Leid gewesen sind, um zu einer hoffnungsvollen Sicht hindurch zu dringen. Aber letzten Endes ist der Perspektivenwechsel geglückt. Angst und Bedrohungen sind nicht aus der Welt geschafft. Sie werden jedoch anders wahrgenommen. Sie verlieren ihre übermächtige Kraft. Dieser Prozess kommt in der Tat einer Entwicklung nahe, die in der Psychotherapie angestrebt und oft mühsam erarbeitet wird.

Was Erich Fromm weniger interessiert, ist die religiöse Dimension. Der Stimmungswandel in den Psalmen vollzieht sich aber gerade dadurch, dass mit Gott gerechnet wird. Die Veränderung geschieht nicht im bloßen Rezitieren und nicht allein im schmerzhaften Bewusstwerden des Unbewussten, der inneren und äußeren Bedrohungen. Das Klagen, Bitten und Danken geschieht vor Gott. Psalmen sind Gebete im Sinne einer heilsamen Kommunikation. Das Gebet gibt die Möglichkeit, Sprachlosigkeit zu überwinden, Angst, Ärger, Enttäuschung und Sehnsucht auszudrücken. Es ist kein Monolog, sondern ein Dialog. Der Psalmbeter hat einen Adressaten, ein Gegenüber. Er stößt auf offene Ohren. „Der Herr hört, wenn ich ihn anrufe."(Psalm 4). Die Klage, die Gewissheit, gehört und verstanden zu werden, aber auch Zuversicht und Dankbarkeit stärken die eigenen Kräfte, die fähig machen, sich der Verzweiflung zu widersetzen. Oft formt sich die Gewissheit, dass Gott in den Leiderfahrungen nahe ist, zu Bekenntnissen: „Du hebst mir den Kopf hoch."(Psalm 3,4) „Deine rechte Hand hält mich."(Psalm 63,9) Sie werden zu einer tragenden und stabilisierenden Stütze. Solche Sätze tragen auch dann, wenn die erhoffte und erbetene Genesung sich verzögert oder gar ausbleibt.
Viele Psalmen enden mit einem Gotteslob. Mitunter hört sich das an wie ein Siegeslied. Oft deuten sich die schweren Erfahrungen nur noch an. Sie gehen fast unter im überschwänglichen Lob: „Halleluja. Lobet den Herrn! Denn unsern Gott zu loben ist ein köstlich Ding, ihn loben ist lieblich und schön. Er heilt, die zerbrochenen Herzens sind und verbindet ihre Wunden...Unser Herr ist groß und von großer Kraft."(Psalm 147) Dabei ist dem Betenden jederzeit bewusst, dass er Heilung oder Wandlung nicht sich selbst verdankt.

In der Seelsorge kann ich Menschen an die Psalmen heranführen. Sie finden sich vielfach wieder in der Beschreibung beklagenswerter Lebensumstände. Sie werden beim Lesen des Psalms aber auch mitgenommen in diesen Wandlungsprozess. So wird ein Psalmgebet zum Wegbegleiter, der der Klage Raum gibt, der Zweifel aushält, der gegen die Hoffnungslosigkeit argumentiert, der zu Zuversicht und Dankbarkeit führt.

2.7. Ermutigende Geschichten

Die biblischen Bücher erzählen von Gottes Wirken in der Geschichte seines Volkes Israel und der gesamten Menschheit. Oft haben diese Geschichten einen sicherlich beabsichtigten „Nebeneffekt“: Sie ermutigen. Sie zeigen, wie Menschen in biblischer Zeit Schwierigkeiten gemeistert und Angst überwunden haben. Damit schlagen sie eine Brücke über die Zeiten und über die historischen Zusammenhänge hinweg. Sie geben einen Schatz an guten Erfahrungen und Zuversicht an uns weiter.

Im ersten Buch Mose wird von einer grausamen Sintflut berichtet. Aber Rettung blieb nicht aus. Noah baute die Arche, in der Menschen und Tiere Platz fanden. Und es gab einen Neuanfang. Gott wurde zum Verbündeten von Menschen und Tieren und versprach: „Ich will nicht mehr schlagen, was lebt. Solange die Erde steht, soll nicht aufhören Saat und Ernte, Frost und Hitze, Sommer und Winter, Tag und Nacht.“ Die schillernden Farben des Regenbogens sollen Zeichen sein für Gottes Zusage (1.Mose 8 und 9). Ich denke, es ist legitim, solche Geschichten auch individuell zu interpretieren: Wenn mir das Wasser bis zum Hals steht, kann ich mit Hilfe rechnen, weil mir diese Zusage Gottes gilt. Der Regenbogen leuchtet, wenn ich zwar noch im Regen stehe, mich aber schon das Licht der Sonne erreicht. Aber ich muss wie Noah auch etwas dafür tun.

Beispielhaft ist auch die gesamte Exoduserzählung, die die abenteuerliche Befreiung des israelitischen Volkes aus Ägyptischer Sklaverei beschreibt, den Durchzug durchs Schilfmeer, die Wüstenwanderung. Eine Feuersäule gab in der Nacht Orientierung. Auf den Durststrecken durch die Ödnis war es Mose gelungen, eine Wasserquelle aufzuschlagen. Manna fiel vom Himmel (oder von den Bäumen). Die Hungrigen konnten sich sättigen. Diese alte Erzähltradition bedient sich einer tiefen Symbolik, sodass das Erleben von Befreiung, Bewahrung und Stärkung auch als existenzielle Erfahrung begriffen werden kann, die Gott jedem Einzelnen ermöglichen möchte: Gott lässt Wege finden, die in die Freiheit und ebenso in die Geborgenheit führen. Er lässt uns Quellen entdecken, aus denen Kraft geschöpft werden kann. Inmitten der Wüste gibt es Oasen, die aufleben lassen. Wo ich nicht weiter weiß, weitet sich der Horizont. In der Dunkelheit gibt es Lichtblicke.
In Bekenntnissen, Geboten, Psalmen wurden diese Erfahrungen zu „Gebrauchstexten“ konzentriert, die geeignet sind, sich des Beistandes Gottes zu vergewissern. Und sie fördern auch das Zutrauen in den eigenen Mut, mit Gott über Mauern zu springen (Psalm 18) oder durch dunkle Täler zu gehen (Psalm 23).

Als Kind hat mich die Geschichte von David und Goliath fasziniert. Dabei haben mich die geschichtlichen Zusammenhänge vom Krieg der sich aggressiv gebärdenden Philister gegen das Volk Israel wenig interessiert. Spannend war für mich, dass der jugendliche David den bis an die Zähne bewaffneten Recken besiegte. Ausführlich wird im 1. Buch Samuel 17 geschildert, wie Angst einflößend die Erscheinung des Philisters gewesen ist. Rüstung und Bewaffnung werden detailliert beschrieben: Er hatte einen bronzenen Helm auf seinem Kopf, trug einen fünftausend Lot schweren Schuppenpanzer. In der Hand hatte er einen überdimensionalen Wurfspieß mit einer eisernen Spitze. Offenbar wurde im Nachhinein alles genauestens vermessen und gewogen. Maße und Gewicht der Bewaffnung unterstreichen, wie bedrohlich Goliath auf die israelitischen Kämpfer gewirkt haben muss. „Gebt mir einen Mann und lasst uns miteinander kämpfen!" stieß er aus. Da trat ihm David entgegen, ohne Schild und Rüstung, nur mit einer Steinschleuder bewaffnet. David wird als jung, bräunlich und schön charakterisiert. Er war Schafhirte und Musiker, also alles andere als ein Berufssoldat. Mit seiner Steinschleuder streckte er den Vorkämpfer der Philister nieder. Der Schwächere besiegt den Stärkeren, der Kleine den Großen, der Stille den Lauten. Eine solche Geschichte tut all denen gut, die sich eher in der Rolle des Schwächeren fühlen. Sie wertet sie auf. Sie macht Mut, die eigenen, vielleicht bescheidenen „Waffen" einzusetzen im Kampf des Lebens, den eigenen Potentialen und Gott zu vertrauen.

Ebenso spannend und beeindruckend sind die Erzählungen aus dem Buch Daniel. Drei junge Männer waren wegen ihres Glaubens an den Gott Israels zum Tode verurteilt worden. Der babylonische König bediente sich einer grausamen Hinrichtungsart. Sie sollten in einen Feuerofen geworfen werden. So geschah es auch. Als der König Nebukadnezar der Hinrichtung beiwohnte, sah er eine vierte Gestalt im Ofen. Er sah, wir sie mit einander in der glühenden Hitze umhergingen und unversehrt blieben. In dem Vierten erkannte er „einen Sohn der Götter", eine Art Schutzengel. Die Männer blieben am Leben. Die Flammen konnten ihnen nichts anhaben.
Ähnliches wird über Daniel berichtet, der wegen seiner überdurchschnittlichen Begabung gute Aussicht auf eine Karriere am babylonischen Königshof hatte, aber durch eine Intrige in Ungnade fiel. Der junge Israelit wurde in eine Grube geworfen, in der hungrige Löwen nur so nach Futter lechzten. Die Tiere krümmten ihm kein Haar.
In diesen Geschichten begegnen uns Urbilder der Resilienz. Feuer und Löwen sind Bilder für das Bedrohliche, Feindliche und Leben Zerstörende. Die alten Texte reden von einer Widerstandskraft, die Menschen vor den Bedrohungen des Lebens schützen kann. Hier ist es ihr unerschütterliches Vertrauen, dass ihnen Gott nahe ist und sie bewahrt. Und es ist die

Gewissheit, der schwierigen Situation nicht hilflos ausgeliefert zu sein, sie mit Gottes Beistand bewältigen zu können und notfalls auch im Ausgeliefertsein einen Sinn, in der scheinbaren Niederlage einen Sieg zu sehen. Auch wir müssen uns nicht „verheizen“ lassen, können uns vor dem Ausbrennen schützen, müssen nicht zurückschrecken, wenn andere wie brüllende Löwen „ihr Maul“ weit aufreißen.

Im Neuen Testament werden Heilungsgeschichten erzählt. Blinden sind die Augen aufgegangen, Stumme hatten wieder eine Stimme. Taube konnten wieder hören. In vielen dieser Wunderberichte wird deutlich, dass die Erkrankten selbst aktiv geworden sind. Sie haben sich mit ihrem Schicksal nicht abgefunden. Sie sind auf Jesus zugegangen oder haben nach ihm gerufen oder haben Träger organisiert, die sie zu Jesus gebracht haben. Sie hatten den unerschütterlichen Willen, gesund zu werden, alles dafür zu unternehmen. Und sie schämten sich nicht für ihre unbescheidene Bitte um Heilung. Im Zweifelfall hatte Jesus noch einmal nachgefragt: “Willst du gesund werden?“ (Johannes 5,6).
Als diese Geschichten gesammelt und von den Evangelisten niedergeschrieben wurden, ging es ihnen nicht darum, das Wunderhafte herauszustellen. Vielmehr sollte deutlich werden, wie heilsam die Begegnung mit Jesus ist, wie kraftvoll seine Worte sind. Wunder sind Zeichen dafür, dass die Leben schenkende Kraft Gottes Menschen aufrichten kann, dass nichts so bleiben muss, wie es ist. Als die Jünger Johannes des Täufers Jesus fragten, ob er der von Gott Gesandte sei, antwortet er:
„Sagt ihm, was ihr hört und seht: Blinde sehen und Lahme gehen, Aussätzige werden rein und Taube hören, Tote stehen auf und Armen wird das Evangelium gepredigt.“(Matthäus 11, 4.5) Jesus bedient sich der Rede des Propheten Jesaja über das kommende Heil (Jesaja 35), was von Gott zu erwarten ist, was sich aber zugleich im Handeln Jesu vergegenwärtigt.
Das ist für mich ganz entscheidend, dass sich Vergangenes und zu Erwartendes vergegenwärtigen kann, dass sich von Gott versprochenes Heil hier und heute auswirkt. Wenn Jesus sagt, das Himmelreich ist nahe herbeigekommen (Matthäus 3,2), erdet er den Himmel. Es kann etwas „Himmlisches“ zur Wirkung kommen, eine Kraft, eine Hoffnung, die die Schritte fest macht, die Verwundetes heilt, die dem Krankmachenden entgegenwirkt.

2.8. Sehnsuchts- und Hoffnungsbilder

Biblische Sehnsuchts- und Hoffnungsbilder sind aus einer tiefen Erfahrung von Leid, Unfreiheit und Angst heraus entstanden. Sie nehmen die Sehnsucht nach Veränderung auf. Dabei scheint die Bildersprache die angemessene Ausdrucksform zu sein. Bilder sind offener, lebendiger, nicht so festgelegt wie z.B. bekenntnishaft formulierte Sätze. Sie lassen Raum für die individuelle Sehnsucht, Raum für ganz eigene Interpretationen. Das ist ihre Stärke.

Sehnsuchts- und Hoffnungsbilder heben sich aus der Schwere des unmittelbaren Erlebens heraus und gewinnen dadurch eine Leichtigkeit, die tröstlich ist. Die Gedanken sind frei. Sie lernen fliegen. Der Blick wird frei für neue Möglichkeiten, für neue Wege, vielleicht sogar für große Ziele. Die erhoffte Erlösung wird in die Gegenwart geholt. Oft scheint es so, als wandelt sich der Schmerz in eine Kraft der Zuversicht und des Protestes gegen die bedrückende und zerstörerische Macht.

In der Bibel begegnen uns individuelle Ausdrucksformen der Hoffnung. Besonders die Psalmen veranschaulichen, wie die Sehnsucht in eine befreiende Sichtweise mündet: „Du stellst meine Füße auf weiten Raum."(Psalm31,9). Der Horizont weitet sich. Erfahrene Enge kann zurückgelassen werden. An den Versen des 23. Psalm lässt sich gut nachvollziehen, wie Hoffnungsbild und Gegenwart miteinander verschmelzen und zu einer tragenden und erhebenden Kraft werden: "Du bereitest vor mir einen Tisch im Angesicht meiner Feinde. Du salbest mein Haupt mit Öl und schenkest mir voll ein. Gutes und Barmherzigkeit werden mir folgen mein Leben lang, und ich werde bleiben im Hause des Herrn immerdar."

Ein Ausdruck tiefer Sehnsucht ist auch die Vorstellung, Gott zu schauen, welche inneren Bilder der Einzelne auch dafür gehabt haben mag. Hiob, der von Krankheit und Unglück geschlagen war, konnte sagen:" Ich weiß, dass mein Erlöser lebt. Und ist meine Haut noch so zerschlagen und mein Fleisch dahingeschwunden, so werde ich doch Gott sehen...Danach sehnt sich mein Herz in meiner Brust." (Hiob 19, 25-27). Seinem Leid setzt er die Vorstellung von Gott entgegen, der sich zeigen und ihn erlösen wird. Mit diesem Bild entkräftet Hiob die Argumente seiner Freunde, die ihm mit ihren Belehrungen über einen richtenden und strafenden Gott zugesetzt hatten.

Neben den individuellen sind in der Bibel Bilder kollektiver Sehnsucht zu finden. Sie haben ihren Ursprung in den Leiderfahrungen eines ganzen Volkes, des Volkes Israel. Die Propheten hatten Visionen, wo sonst kein Mensch mehr durchgesehen hat. Sie haben ihren Blick auf das Kommende gerichtet, wo jeder nur mit sich selbst oder mit der bedrückenden Gegenwart

beschäftigt war. Deshalb werden die Propheten auch Seher genannt. Sie sahen Licht am dunklen Horizont. Und sie sahen, dass Gott Wege bahnt, wo alles verbaut und ausweglos erscheinen musste.
Jesaja spricht vom grünenden Spross, der aus dem alten Stamm hervorbrechen wird. Die Israeliten fühlten sich nach Krieg und Verschleppung wie ein abgeschlagener Baum, saft- und kraftlos, abgeschnitten vom Leben. Nun sagt der Prophet: Es kann wieder etwas neu werden. Wir kommen wieder auf einen grünen Zweig. Es wird einer kommen, der Gerechtigkeit und Frieden aufrichtet.
Seine Vorstellungen von einem Friedensreich, wo „die Wölfe bei den Lämmern wohnen und die Panther bei den Böcken lagern" (Jesaja 11,6) verbindet er aber mit dem Kommen des Messias, auf dem der Geist Gottes, der Geist der Weisheit und des Verstandes ruhen wird. Mit seiner Prophezeiung nimmt er das innige Verlangen der Menschen auf und ermuntert sie, Gott etwas zuzutrauen, Gutes zu erwarten.
Der zweite Jesaja knüpft an dieser Botschaft an. „Tröstet, tröstet mein Volk, spricht Gott…In der Wüste bereitet dem Herrn den Weg." (Jesaja 40, 1+3). Die Israeliten in babylonischer Gefangenschaft sollten wissen, dass es keine ausweglose Situation und keinen Ort gibt, so gottverlassen er auch erscheinen mag, wo Gott nicht nahe wäre. „Das geknickte Rohr wird er nicht zerbrechen und den glimmenden Docht wird er nicht auslöschen." (Jesaja 42,3) lässt Gott den Propheten ausrichten und: „Dein Licht kommt… Siehe, Finsternis bedeckt das Erdreich und Dunkel die Völker. Aber über dir geht auf der Herr, seine Herrlichkeit erscheint über dir." (Jesaja 60,1+2). Das sind hoffnungsvolle Ausblicke. Sie sind auf Gott gerichtet, der Dunkelheit erhellen kann, der somit Menschen aus Pessimismus und Passivität herausführen kann. Sie nahmen vorweg, was für die Gläubigen damals dann wirklich erfahrbar geworden ist.

Im Neuen Testament werden die alten Hoffnungsbilder aufgegriffen und neu interpretiert. In der Verkündigung Jesu sind sie präsent. Seine Gleichnisse veranschaulichen die anbrechende Gottesherrschaft. Das Gleichnis vom Senfkorn z.B. illustriert, wie fruchtbringend sich Gottes Gegenwart entfaltet, wie Glaube, Hoffnung und Liebe wachsen können. Die Seligpreisungen kündigen an, dass die Leidenden getröstet, dass die Weinenden wieder lachen werden.
In der Johannesoffenbarung bildet sich auf dem Hintergrund der Christenverfolgungen der Kampf des Guten gegen das Böse ab. Sie zeigt in einem apokalyptischen Szenario, wie Christus die lebensfeindlichen Mächte bezwingen wird. Durch seinen Tod am Kreuz und seine Auferstehung hat er sie schon in die Schranken gewiesen. Die ihm vertrauen, wird er „weiden und leiten zu den Quellen des lebendigen Wassers, und Gott wird abwischen alle

Tränen von ihren Augen.“ (Offenbarung 7,17). Den Formulierungen ist abzuspüren, dass sie nicht nur vertrösten wollen auf ein leidloses Jenseits. Sie sind Trost in den Leiderfahrungen, weil der Tränen stillende Gott gegenwärtig ist. „Und der Tod wird nicht mehr sein, noch Leid, noch Geschrei, noch Schmerz“ heißt es weiter im Buch der Offenbarung (Offenbarung 21,4). Das ist die Vision des Sehers Johannes. Er sieht, dass es ein Ende des Leides, ein Ende der Nachterfahrungen geben wird. Gottes Licht wird leuchten. Es beginnt schon da aufzuleuchten, wo die Nacht noch dunkel ist. Christus ist der Lichtblick, der helle Morgenstern (Offenbarung 22,16).

In der Johannesoffenbarung begegnet uns Befreiungstheologie. Das Böse wird entlarvt. Die Leidenden werden gewürdigt und ermutigt, das Schwere durchzustehen, aus den hoffnungsvollen Perspektiven Kraft zu schöpfen. Alle Bedrängnis ist auch Leiden mit Christus. Aus dieser Perspektive ist das Leid nicht sinnlos. Es verbindet mit Christus. Die Verbindung mit ihm gibt Hoffnung, die über den Tod hinausweist. Sterben und Tod, so real sie für jeden Menschen sind, bedeuten nicht die Trennung von Gott. Unsere Biografie verbleibt unauslöschbar bei Gott. Unser Lebenskampf ist durch ihn gewürdigt. Unser Leben ist bei Gott verewigt und geborgen. Der Tod kann nicht alles zerstören, was das Leben eines Menschen ausgemacht hat. Paulus argumentiert: Gott hat Christus auferweckt, so haben auch wir Anteil an seiner Auferstehung. „Es wird gesät verweslich und wird auferstehen unverweslich. Es wird gesät in Niedrigkeit und wird auferstehen in Herrlichkeit. Es wird gesät in Armseligkeit und wird auferstehen in Kraft.“ (1.Korinther 15, 42+43) Paulus vermittelt die Auferstehungshoffnung als eine große Bestärkung, auf Gottes Nahe-Sein im Leben und im Sterben zu vertrauen. Hoffnung kennt keine Grenzen.

3. Ressourcenorientierte Ansätze in der christlichen Tradition

Zu allen Zeiten haben sich Christen von der heilvollen Intention der biblischen Überlieferung inspirieren lassen. Das wertschätzende Menschenbild ist zum Leitbild, Jesus in seiner dem Menschen zugewandten Art ist zum Vorbild geworden. Sie waren sich auch der Kraft bewusst, die im Vertrauen auf Gott und in seinem Segen liegt. Aus dieser Inspiration sind Formen seelsorgerlicher Begleitung entstanden, in denen Ansätze einer ressourcenorientierten Perspektive zu finden sind.

3.1. Das Ruhegebet der Wüstenväter

Zwei junge Mönche, Cassian und Germanus, machten sich auf eine lange, beschwerliche Reise nach Ägypten. Um das Jahr 385 verließen sie ihr Heimatkloster in Bethlehem, enttäuscht von der Mittelmäßigkeit des klösterlichen Lebens an diesem heiligen Ort. Ihre Sehnsucht nach tiefer Frömmigkeit führte sie zu den Einsiedeleien der ägyptischen Wüste. In der Einsamkeit und Abgeschiedenheit pflegten Einsiedlermönche ein strenges asketisches Leben. Man nannte sie die Wüstenväter.
Die Eremiten arbeiteten als Seelsorger und Therapeuten. Viele Menschen suchten sie auf, um von ihrem Rat und ihrer Weisheit zu profitieren.
Der Schweizer Psychiater Daniel Hell beschäftigte sich mit den therapeutischen Kompetenzen und Methoden der Wüstenväter. Er konnte feststellen, dass sie sich besonders mit der Schwermut der Ratsuchenden auseinandersetzten. Interessant ist, dass sie das depressive Erleben sehr genau erfassen und beschreiben konnten. Und sie gaben viele hilfreiche Anregungen, sich der Krankheit zu stellen. Aus den alten Aufzeichnungen geht hervor, dass sie die Ratsuchenden aufgefordert haben, dem Überdruss ins Gesicht zu schauen und zu fragen: „Wer bist du? Wo kommst du her?"
Das erinnert an den therapeutischen Rat, den C.G. Jung depressiven Patienten gegeben haben soll: „Wenn die Dame in Schwarz (die Depression) auftritt, weise sie nicht ab, sondern bitte sie zu Tisch und höre, was sie zu sagen hat."[19] Oder sie rieten, sich von niederdrückenden Gedanken zu distanzieren, ihnen nicht die Macht einzuräumen. Ziel ihres seelsorgerlichen Bemühens war vor allem, die Seele zur Ruhe kommen zu lassen.
Aus der Tradition der Wüstenväter stammt wohl auch der Vergleich der Seele mit einem Wasserbecken: „Zwei junge Mönche gingen zu einem Einsiedler, um Rat zu holen. Sie waren vor lauter Unzufriedenheit über ihre Anstrengungen, andern Menschen zu helfen, aus der Fassung geraten. Der

[19] Hell: Die Sprache der Seele verstehen. S. 127

Einsiedler goss Wasser in ein Gefäß und forderte sie auf hineinzuschauen. Das Wasser bewegte sich, war voller Unruhe, so unruhig wie ihre Gedanken. Nach einer Weile forderte er sie erneut auf, das Wasser zu betrachten. Nun sahen sie im beruhigten Wasserspiegel ihr eigenes Gesicht. Darauf sagte der Eremit: Wer die Ruhe pflegt in der Einsamkeit, kann sich selbst und seine Fehler erkennen."[20]
Die Mönche Cassian und Germanus mögen ähnliche Weisungen erhalten haben. Sie lebten sechzehn Jahre in verschiedenen Einsiedeleien der Wüstenväter. Sie lernten u. a. auch eine besondere Gebets- und Meditationsform kennen: Das Ruhegebet. Besonders Johannes Cassian ist es zu verdanken, dass das Wissen um diese frühchristliche Übung der Kontemplation erhalten geblieben ist. Er fasste seine Erfahrungen in einer Schrift zusammen: „24 Unterredungen mit den Vätern".

Aus psychologischer Perspektive ist das Ruhegebet vergleichbar mit buddhistischen Meditationsformen oder auch mit dem Autogenen Training. Aber es ist ein Gebet. Es führt die Seele in die Stille vor Gott. Alle Gedanken, Vorstellungen, Wünsche und Absichten sollen sich auflösen in einer großen inneren Ruhe. So kann die Seele frei werden und sich für Gott öffnen. Um in den Zustand tiefer Versenkung zu gelangen, ist das immerwährende Beten einer kurzen Gebetsformel hilfreich. Cassian gab seine persönliche Gebetsformel weiter: „Gott, komm mir zu Hilfe. Herr, eile mir zu helfen." Es sind aber auch andere Gebetsrufe möglich, z.B. „Meine Seele ist stille zu Gott, der mir hilft." Oder „Gott, sei mir nahe." Oder auch nur „Herr hilf."
Die fortwährende Wiederholung dieser Formeln verhindert das Eindringen ablenkender Gedanken. Dabei ist es wichtig, die Anrufung zu verinnerlichen, sich in einen sanften Rhythmus hinein zu schwingen. Ebenso wichtig ist es, das Ruhegebet einzuüben, es regelmäßig zu praktizieren, in belasteten Zeiten, um das Schwere loszulassen, in guten Zeiten, um Freude und Dankbarkeit zu spüren. Jeder kann für das Gebet ein eigenes Zeitmaß finden, so dass es gut tut und frei macht.

Der Psychologe und katholische Theologe Peter Dyckhoff hat sich ganz ausführlich mit der Tradition und der Praxis des Ruhegebets befasst. Aus eigenem Erleben konnte er beschreiben, wie er mit Hilfe dieser Meditation in einen wohltuenden Zustand tiefer Ruhe für Körper, Geist und Seele gelangen konnte. Leidenschaftlich bezeugt er, wie Schlafstörungen und Spannungskopfschmerzen abnahmen, wie er in seiner Arbeit leistungsfähiger wurde, wie sich sein Selbstvertrauen gefestigt hat, wie er mit Belastungen

[20] Ebd. S. 33, nacherzählt v. U.G.

besser fertig wurde. Verspannungen und Ängste lösen sich. Energien werden frei.[21] Dyckhoff empfiehlt, wenigsten einmal am Tag sich 15 -20 Minuten Zeit zu gönnen, um innere Ruhe zu finden. Und er resümiert: „Die Einübung des Ruhegebets ist ein christlicher Weg für alle, die über die Begrenztheit im Alltag hinaus wollen, um von der wirklichen, unerschöpflichen Kraftquelle zu erfahren.“[22]

3.2. Die Grünkraft bei Hildegard von Bingen

Die Benediktinerin Hildegard von Bingen (1098-1179) war eine der bedeutendsten Universalgelehrten des Mittelalters. Sie verfasste theologische Schriften, führte eine umfangreiche Korrespondenz mit Papst, Kaiser und Gelehrten. Sie schrieb Bücher über Natur- und Heilkunde, dichtete und komponierte zahlreiche Lieder. Hoch geachtet und zugleich umstritten waren die Aufzeichnungen über ihre Visionen.

Ihre besondere Stärke war, Theologie und Medizin, Mystik und Kunst, Naturwissenschaft und Musik in einem großen Zusammenhang zu sehen. Sie wusste, die aus heutiger Sicht unterschiedlichen Bereiche so miteinander zu verbinden, dass sie sich gegenseitig inspirieren konnten.

Als ein verbindendes Element, was alle Bereiche durchströmt, sah sie die Viriditas, die Schöpfungskraft oder Grünkraft. Diese Kraft steckt in allem Lebendigen, in jeder Pflanze, in jedem Samenkorn, das aufkeimt, in jeder Knospe, in allem Grünen und Blühen. Sie bewegt den Kosmos, Sonne, Mond und Sterne. Sie ist erkennbar in der Lebendigkeit eines Tieres. Sie ist auch tief verwurzelt im Menschen, in seinem Leib, in seiner Seele. Sie ist zu spüren in jedem Atemzug. Sie zeigt sich in der Kraft des Heilens. Sie wirkt durch Gesänge, Gebete, Meditation, durch Berührung und Segen, durch Heilpflanzen und heilende Steine. Sie ist die Lebensenergie, von der alles durchdrungen ist.

Woher kommt diese Kraft? Hildegard schreibt: Sie kommt von Gott. Durch seinen Heiligen Geist lässt er grünende Lebensfrische in die Herzen der Menschen fließen. Sie durchströmt seinen Körper, gibt ihm Bestand, hält ihn gesund. [23]

Das ist wohl die besondere Leistung der Mystik, dass sie Gott in den alltäglichen Lebensvollzug geholt hat, ins Innere des Seins, wie auch Luther noch sagen konnte: „Gott ist mir näher als mein Hemd.“ Die Mystiker erkannten, dass Gottes alle Zeiten überspannende Weisheit und kreative Kraft in uns ist und uns hilft zu leben.

---

[21] Dyckhoff: Ruhegebet. S. 8

[22] Ebd. S. 19

[23] Strack: Viriditas bei Hildegard von Bingen. S. 6

Hildegard von Bingen hatte ein feines Gespür dafür entwickelt, diese Grünkraft oder auch ihren Mangel wahrzunehmen. Sie spürte einer Pflanze ab, welche Heilkraft in ihr steckt, welche heilende Wirkung sie entfalten kann.
Für die Behandlung von Krankheiten fand sie einen interessanten Ansatz, eine medizinische Formel, die erst Jahrhunderte später wieder in Therapie und Medizin Anwendung gefunden hat: „Lebenskraft muss da zufließen, wo Lebenskraft ist."[24] Sie wandte ihre Arzneien nicht vordergründig zur Bekämpfung von Krankheiten an, sondern zu Stärkung des Gesunden. Sie hatte sich also schon damals mehr von den Fragen leiten lassen: Was macht einen Menschen gesund? Was bestärkt ihn? Was richtet ihn auf? Aus welchen Quellen fließt ihm neue Lebenskraft zu? Das ist ressourcenorientierte Denkweise. Die Grünkraft- ein Begriff, der mit dem heutigen Ressourcenbegriff große Schnittmengen hat.
Die Lebenskraft verknüpft Hildegard auch mit den menschlichen Tugenden, mit Liebe, Geduld, Demut und Barmherzigkeit, die in der Seele des Menschen versammelt sind. Sie speisen sich aus der Grünkraft und stärken wiederum die menschliche Seele: „Mit dem nieder brausenden Wasser des Heiligen Geistes strömt die Liebe dahinein...Die Barmherzigkeit träufelt Balsam für die Bedürfnisse, die dem Menschen anhaften."[25] Liebe, Barmherzigkeit sind Balsam für die Seele, Ressourcen, aus denen der Mensch schöpfen kann, was er für seine Lebensgestaltung braucht.
In Briefen und Büchern gibt Hildegard auch ganz persönliche Erfahrungen weiter, wie sie mit Anfechtungen und Verunsicherungen umgegangen ist. Die Grünkraft sieht sie als eine Quelle, aus der sie sich selbst stabilisieren kann. Sie schrieb: „Wenn ich das gedeihliche Leben in meinem Zelt (der Seele) spüre, stürzt sofort eine teuflische Einflüsterung auf mich los und umnebelt mich, sodass ich mir immer wieder vorsage: Wie die sprossende Grüne der Erde will ich wirken."[26] So wird vorstellbar, wie sie ihre seelsorgerliche Arbeit gestaltet hat. Sie hat sehr offen auch über ihre eigene Anfälligkeit und Verletzbarkeit gesprochen, hat in solidarischer Schwäche ermutigt und bestärkt. Und sie hat zu kleinen Übungen angeregt, z.B. sich immer wieder vorzusagen: „Wie das sprossende Grün der Erde will ich sein." Solche ritualisierten Sätze entfalten aus heutiger therapeutischer Sicht eine große Wirkung. Es tut auch einfach gut, eine ganz positive Aussage darüber zu machen, was in mir steckt, was mich schützt, was ich sein und bewirken kann.

[24] Ebd.
[25] Ebd. S.7
[26] Ebd.

Zu ihren visionären Schriften sind wohl auf ihre Anweisung wunderschöne Bildtafeln entstanden, die die Tiefe und Schönheit ihrer Einsichten illustrieren. Diese Bildtafeln dienten der Meditation. Eine der bekanntesten Miniaturen zeigt den „Kosmosmenschen". Er ist Mittelpunkt der Schöpfung, ausgestreckt nach oben und umfangen von Gott, gegründet auf der Erde und verbunden mit allem, was lebt. Seine Hände sind geöffnet, um Segen zu empfangen. In dieser Zeichnung scheint das Weltbild der Hildegard von Bingen seinen Ausdruck gefunden zu haben. Ziel ihrer Theologie und ihrer Seelsorge war es, Menschen mit dem Heiligen in Berührung zu bringen, mit der schöpferischen Kraft, die das Leben aufblühen lässt, damit sie die Fülle und die Freude des Lebens entdecken.
Mich hat die Beschäftigung mit Hildegard von Bingen angeregt, dieser Grünkraft nachzuspüren, sie zu entdecken in der eigenen Kreativität, in der Kunst, in der Natur, im welkenden Zweig, der schon wieder frische Knospen angesetzt hat, in allem Lebendigen, in den Kindern, die, wie man so sagt, noch „grün hinter den Ohren" sein dürfen, in Heilungs- und Genesungsprozessen, im sich Erholen und im Aufatmen. Ruhe hat für mich eine grüne Farbe. Selbst beim Einkauf von Lebensmitteln überlege ich: Was enthält wohl die meiste Grünkraft? Und in der Seelsorge? Da möchte ich anregen, darüber nachzudenken, wo sich die Grünkraft in und um einen Menschen finden lässt, wo er sie spürt. Und bin ich dankbar, wenn es die Erfahrung gibt, miteinander auf einen grünen Zweig zu kommen, das zarte Pflänzchen Hoffnung wachsen zu sehen.

3.3. Den Teufel verlachen – Luthers Trostbriefe

Luther war nicht nur ein streitbarer Magister, der seine theologischen Einsichten sehr direkt, unmissverständlich und mit deftig gewürzter Sprache kundtat. Er war auch ein empathischer Seelsorger. Ca. einhundert seelsorgerliche Trostbriefe hat er geschrieben an Gemeinden, Kollegen, Privatpersonen. Sie zeigen ihn als einen Menschen, der sich gut einfühlen kann, der geradezu mit den Betroffenen leidet. So setzte er sich besonders mit dem Phänomen der Schwermut auseinander. Das „Sauersehen", wie er depressive Verstimmungen benannte, sah er als eine Anfechtung und Erschütterung des Glaubens, als eine Attacke des Satans. Luthers seelsorgerlicher Rat bestand in erster Linie darin, sich des Beistands Christi zu vergewissern, sich auf den Trost der Worte Gottes zu verlassen.
Luther musste aber auch feststellen, dass guter Zuspruch und die Vermahnung, am Glauben festzuhalten, nicht immer geeignet waren, die Schwermut auszutreiben.

An Fürst Joachim von Anhalt, der offenbar in eine tiefe Depression gefallen war, schrieb Luther einen Trostbrief, in dem die theologische Argumentation sehr behutsam ausfiel. Vielleicht hatte er auch deshalb zurückhaltend vermahnt, weil der Fürst gerade erst den „fröhlichen Wechsel" zur evangelischen Glaubensgewissheit vollzogen hatte. Statt an sein Gottvertrauen zu appellieren, riet Luther zur Geselligkeit, zum Reiten und Jagen, gar zum reichlichen Trinken.[27] Und er riet zur Fröhlichkeit, die für ihn nicht nur Gegenhaltung zur Melancholie war, sondern auch geeignet war, dem Teufel arg zuzusetzen, ihn zu vertreiben. „Der Teufel ist ein trauriger, saurer Geist, ders nicht leiden kann, dass ein Herz fröhlich sei." [28]
Auch in einem Brief an Hieronymus Weller, dem Hauslehrer seiner Kinder, schrieb Luther von der Veste Coburg: „Darum, so oft euch diese Anfechtungen anfallen, hütet euch, mit dem Teufel eine Disputation anzufangen… Denn das bedeutet nichts anderes als dem Teufel zu unterliegen… Treibt deshalb Scherz und Spiel mit meinem Weibe und andern; dadurch vertreibt ihr die teuflischen Gedanken und bekommt einen neuen Mut… Und so oft euch der Teufel mit solchen Gedanken plagt, sucht auf der Stelle menschliche Gemeinschaft, oder trinkt mehr, treibt Kurzweil oder sonst etwas Heiteres."[29]
Die Fröhlichkeit ist die beste Arznei gegen „das Sauersehen". Mit dieser Erkenntnis stand Luther auf dem Stand der humanistischen Geisteswissenschaft seiner Zeit. Die Ärzte, die sich in der Therapie der Trübsinnigkeit versuchten, rieten den Angehörigen, den Erkrankten mit Heiterkeit zu begegnen, durch Scherzreden, Zoten und Schwänke ihre Stimmung aufzuhellen. Sie waren mit ihren Verordnungen gar nicht so weit entfernt von den Empfehlungen heutiger Humortherapeuten.
Luther ging aber noch einen Schritt weiter. In seinem Brief an Weller fordert er ihn auf, den Teufel zu verlachen. Dies ist eine therapeutische Methode, die hilfreich ist, Abstand zu einem Problem zu gewinnen, die eigene passive Position zu verlassen, um aktiv und selbstbewusst handeln zu können. Sie findet z.B. in der Angsttherapie Anwendung. Das Selbstbewusstsein wird gestärkt. Die eigenen Ressourcen und Stärken kommen ins Bewusstsein, dass ich über dem stehen kann, was mir gerade Angst macht. Bei Luther kommt noch ein Schuss Humor dazu, wenn er ermutigt, dem Teufel hämisch ins Gesicht zu lachen.
Im selben Brief baut Luther das Paradoxon noch aus. Er rät: „So muss man immer das Gegenteil von dem tun, was der Satan verbietet. Aus was für einem andern Grund glaubt ihr, dass ich - so wie ichs tue - kräftig trinke, zwanglos plaudere, öfter esse, als um den Teufel zu verspotten und zu

[27] Ovaska: Aspekte der Melancholietherapie in Martin Luthers Trostbriefen. S. 58
[28] Zit. aus Brüllmann: Lexikon der Martin-Luther-Zitate. S.109
[29] Zitiert bei Eschmann: Dem Teufel ins Gesicht lachen. S.4.

plagen, der mich plagen und verspotten wollte?“ [30] Damit legt Luther seinem in Grübeleien verfangenen Hauslehrer nahe, die moralischen Bedenken zu zerstreuen, die selbst verordnete Enge zu verlassen. Im Vertrauen auf die Gnade Christi könne er ruhig einmal kräftig sündigen. Dies erinnert an die vom Wiener Psychotherapeuten Viktor Frankl eingeführte Methode der paradoxen Intervention, wonach Patienten aufgefordert werden, genau das zu tun, was sie ängstlich vermeiden möchten. Weil sich das so „verrückt“ anhört, wird auch etwas verrückt, im Denken der Patienten. Der neurotische „Teufelskreis“ der Angst wird aufgebrochen.
Was wir von Luther für die Seelsorge lernen können, ist, den Humor nicht aus der seelsorgerlichen Begegnung zu verbannen, ihm Raum zu geben. Humor hat etwas Befreiendes, Lösendes. Befreit lachen zu können wird zur Ressource, aus der sich Mut und Gelassenheit schöpfen lässt.

3.4. Der Seelengarten der Teresa von Avila

Die Mystikerin Teresa von Avila (1515-1582) vergleicht in ihren biografischen Aufzeichnungen (Vida) die Seele des Menschen mit einem Garten. Sie sieht darin eine Metapher, welche Gottes Wirken in einem Menschen und das spirituelle Wachstum veranschaulichen kann.
Der Garten spielt bereits in der biblischen Urgeschichte eine grundlegende Rolle. Mit dem Begriff Garten wird die von Gott gewandelte Ödnis bezeichnet. Gott ordnet das Chaos, macht den kargen Boden urbar, verwandelt ihn in eine prächtige Landschaft. Durch den Reichtum an Obstbäumen, Sträuchern und Kräutern entsteht ein weiträumiger Garten zur Stärkung von Leib und Seele. Er wird im 1. Buch Mose 2 Eden genannte. Für den Namen Eden gibt es zwei Übersetzungsvarianten: Das hebräische Wort Eden kann „Wüste“ bedeuten. Damit wäre die schöpferische Wandlung der Wüste in eine fruchtbare Oase hervorgehoben. Eden kann aber auch als „Wonne“ gedeutet werden. Damit wäre die Pracht und Schönheit des Gartens herausgestellt. Die Bezeichnung „Paradies“ (dem altpersischen entlehnt, bedeutet soviel wie umgrenztes Land) ist erst in die griechische Übersetzung der Bibel eingeflossen, assoziiert aber für uns noch stärker die Vorstellung von einem „Lustgarten“ oder „Wonnegarten“.
Dieser Garten Eden ist nicht nur mit nutzbarer Vegetation überzogen, er ist nach 1. Mose 2 reich an Bodenschätzen, Gold und Edelsteinen. Ein besonderes Harz ist dort zu finden, das Bedolachharz. Es wurde als Räucherharz verwendet, aber auch als medizinische Ingredienz und diente

[30] Ebd. S.6

der Wundbehandlung. Zu alledem wird der Garten reichlich bewässert durch vier Flüsse. Und mitten im Garten stand der Baum der Erkenntnis.
Der alttestamentlichen Beschreibung ist abzuspüren, dass sie nicht allein die botanische Vielfalt veranschaulichen möchte. In ihr scheint eine tiefe Symbolik enthalten zu sein: Der Garten steht für die Fülle, die den Menschen umgibt, für die Ressourcen der Umwelt, aber auch für die inneren Ressourcen, für die Freude, den Genuss, für Heilung und Heil, für die Geborgenheit, den Frieden, für die Fähigkeit zwischen gut und böse zu unterscheiden.

Die Faszination des Gartens hielt auch Einzug in die vom Christentum geprägte Kultur, insbesondere ins klösterliche Leben. Klostergärten hatten wohl immer eine doppelte Funktion: Sie dienten der Ernährung und der inneren Einkehr. Die Ordensmitglieder schufen sich mit dem Klostergarten ein kleines Paradies, in dem sie sich auch Gott näher fühlten. Sie legten Wege an, auf denen sie wandeln und sich der Kontemplation hingeben konnten. Darüber hinaus entstanden Obstplantagen, Weinberge, Gemüsebeete. Kräutergärten wurden als Apotheke Gottes angesehen. Die Arbeit darin hatte durchaus auch meditativen Charakter. Beten und Arbeiten wurde eng zusammengedacht.
Von alldem mag Teresa von Avila inspiriert worden sein. Sie verinnerlicht dieses Bild vom Garten, nimmt es als Bild für die Seele. Sie meditiert den potentiellen Reichtum und sinnt darüber nach, was dazu beitragen kann, dass der Seelengarten aufblüht.
Die Seele gleicht zunächst einer verwilderten und ausgedörrten Landschaft. In ihr wachsen viele nützliche Pflanzen wie Hilfsbereitschaft, Barmherzigkeit, Nächstenliebe, Freigiebigkeit. Diese werden aber überwuchert von mancherlei Unkraut. Diese seelischen „Unkräuter“ verhindern das Wachstum der Tugenden. Sie müssen entfernt und der Boden muss bewässert werden. Nur wenn der Mensch seinen Seelengarten bearbeitet, kann Gutes wachsen und aufblühen.
Teresa schreibt: „Der Anfänger stelle sich vor, als beginne er, auf einem sehr unfruchtbaren, mit viel Unkraut überwucherten Boden einen Garten anzulegen, an dem der Herr seine Lust haben soll. Seine Majestät (Gott) selbst rodet das Unkraut aus und setzt gute Pflanzen ein...Als gute Gärtner haben wir sodann mit der Hilfe Gottes dafür zu sorgen, dass die Pflanzen wachsen. Wir müssen sie darum fleißig begießen, damit sie nicht verwelken, sondern Blumen hervorbringen, die geeignet sind, durch ihren Wohlgeruch unsern Herrn zu erfreuen, damit er recht oft in den Garten komme, um sich zu ergötzen und unter diesen Tugendblumen seine Wonne zu finden.“[31]

[31] Vida 11, zit. bei Kather: Gottesgarten S. 7

In der „Vida“ gibt Teresa ihre eigene kontemplative Erfahrung weiter. Die Metapher vom Seelengarten wird zu einer Art Vorlage, das eigene Seelenleben zu betrachten, die guten Möglichkeiten und Potentiale wahrzunehmen. Es geht ihr um die Fragen: Was nährt mich? Was stärkt meine Seele? Was sind meine Kraftquellen? Was schafft Raum für das Gute in mir? Wie wird meine Seele zu einem prächtigen Garten, in dem Gott gegenwärtig ist? Sie regt damit an, die eigenen Ressourcen zu nutzen, aber auch darauf zu vertrauen, dass Gott Gutes „eingepflanzt“ hat und es mit seinem Zufluss an Segen „begießt“.

Es gibt heute sozialpädagogische Ansätze, die die Gartenmetapher aufgreifen, um die „Seelenlandschaft“ zu kartieren, um den Bestand der verfügbaren Ressourcen eines Jugendlichen aufzunehmen und für die weiterführende Therapie nutzbar zu machen.
In der seelsorgerlichen Arbeit kann das Bild vom Seelengarten eine Anregung sein, den inneren Reichtum, die jedem Menschen eigene innere Schönheit und die in ihm schlummernden Kräfte wahrzunehmen.

3.5. Die Sinnsprüche des Angelus Silesius

Der Name Angelus Silesius bedeutet Schlesischer Engel. So nannte sich der Mediziner und Theologe Johannes Scheffler. Er stammte aus einer protestantischen Adelsfamilie, lebte von 1624-1677, brachte den Großteil seiner Lebenszeit in Breslau zu.
Scheffler war eine kantige Persönlichkeit. 1653 konvertierte er mit öffentlichkeitswirksamer Inszenierung zum Katholizismus, wohl aus Enttäuschung, dass die lutherische Orthodoxie für sein Interesse an der Mystik wenig Verständnis zeigte. Die Veröffentlichung erster lyrischer Werke wurde ihm vom evangelischen Hofprediger in Oels untersagt. Der Ärger darüber gab wohl den Ausschlag zur Konversion.
Nachdem er zunächst Leibarzt des protestantischen Herzogs von Württemberg-Oels gewesen ist, wurde er 1654 zum Priester geweiht und war in den letzten Jahren seines Lebens als Arzt und Seelsorger im Matthiasspital in Breslau tätig.
In der Rede zu seinem Begräbnis wurde ein Zusammenhang zwischen seinem selbst gewählten Namen „Angelus“ und seiner Arbeit hergestellt: Er wollte ein Raphael sein, was bedeutet: Gott heilt oder -so der Prediger- „Gottes Arznei“.[32]

[32] Baumotte: Angelus Silesius. Der Himmel ist in dir. S. 17

Scheffler schuf ein umfangreiches Werk von Gedichten, Liedern und Sinnsprüchen. Die bekannteste Sammlung seiner Lyrik ist unter dem Titel „Cherubinischer Wandersmann" erschienen.
Das Besondere an den meist aus vier Zeilen bestehende Sinnsprüchen ist, dass sie kurz und einprägsam sind. Ihr literarisches Vorbild ist das Epigramm. Epigramme sind „Aufschriften", die in knapper Form das Wesentliche ausdrücken. Dabei erzeugen sie im ersten Reim eine anfängliche Spannung, die dann im Schluss aufgelöst wird, vergleichbar mit einem Rätsel oder einem Witz.
Die Verse Schefflers fassen z.B. eine theologische Aussage in aller Kürze und Einfachheit zusammen. Ein so kurzer und gereimter Vers kann gut im Gedächtnis behalten werden, kann einem lange nachgehen. Seine besondere Metrik nimmt den Rhythmus des Laufens auf. Die Sinnsprüche Schefflers eigenen sich, sie „laufend" zu verinnerlichen, zu meditieren, um damit Zweifel oder Probleme unter die Füße zu bekommen.
Es ist sehr wahrscheinlich, dass Scheffler in seiner Seelsorge mit diesen Sinnsprüchen gearbeitet hat. Zumindest wird die seelsorgerliche Absicht in seinen Dichtungen erkennbar. Sie haben den Bezug zum Alltäglichen, führen zugleich in eine mystisch transzendente Weltsicht, die herausfordernd und zugleich tröstlich ist.
Folgende Beispiele können das verdeutlichen:

Halt an, wo läufst du hin? Der Himmel ist in dir!
Suchst du Gott anderswo, so irrst du für und für.

Scheffler setzt einen starken Impuls zum Innehalten. Er nimmt das Getriebensein auf, was offenbar auch schon die Menschen seiner Zeit nicht zur Ruhe kommen ließ, beschreibt die Suche nach Erfüllung, nach Sinn, nach Gott. Seine Antwort: Der Himmel ist in dir.
Diese Aussage verschlägt einem fast den Atem. Das Göttliche, Himmlische, unvergleichlich Wertvolle, wonach du suchst, steckt in dir. Die schöpferische und verändernde Kraft ist in dir. Die Ressourcen, dein Leben sinnvoll zu gestalten, es zu meistern, sind in dir angelegt. Eine solche Intervention, die dem Blick auf den inneren Reichtum wendet, entspricht dem Ansatz ressourcenorientierter Seelsorge.

Andere Sinnsprüche haben eine ähnliche Intention:
Du darfst zu Gott nicht schrein! Der Brunnquell ist in dir,
Stopfst du den Ausgang nicht, er flösse für und für.

Bist du aus Gott geborn, so blühet Gott in dir!
Und seine Gottheit ist dein Saft und deine Zier.

Auch aus diesen Zeilen spricht Wertschätzung, Wegweisung, Ermutigung. Es kann Gutes aufsprießen, Gutes hervorquellen. Gottes Kraft steckt in dir drin. Natürlich sind das mystische Sprachbilder. Aber sie entfalten eine besondere Wirkung. Sie holen Gott ins eigene Leben, in das Leid, in den manchmal kraftlosen Körper, in die ermattete Seele. Gott ist nicht nur nahe, - wie oft verwende ich diesen Zuspruch- er ist mittendrin im Lebenschaos und bringt die „ Wüste" zum Blühen.

Folgender Vierzeiler verdeutlicht, dass es der Mystik darum ging, Göttliches und Menschliche zu verbinden, sich aus der Kraft des Glaubens zu stärken:

Die Menschheit ist die Milch, die Gottheit ist der Wein:
Trink Milch mit Wein vermischt, willst du gestärket sein.

Viele dieser Sprüche sind auch verstörend und konfrontativ. Sie provozieren ein Umdenken, leiten damit aber auch einen Perspektivenwechsel ein:

Blüh auf, gefrorner Christ, der Mai ist vor der Tür!
Du bleibest ewig tot, blühst du nicht jetzt und hier.

Mensch, wirst du nicht ein Kind, so gehst du nimmer ein.
Wo Gottes Kinder sind: Die Tür ist gar zu klein.

Die Lieb ist unser Gott, es lebet alls durch Liebe:
Wie selig wär ein Mensch, der stets in ihr verbliebe.

Andere Reime sind einfach nur tröstlich:

Der Vogel in der Luft, der Stein ruht auf dem Land.
Im Wasser lebt der Fisch, mein Geist in Gottes Hand.[33]

Für mich ist gut vorstellbar, wie Scheffler mit seinen schlichten Reimen, die doch so viel Tiefgang haben, viel bewirkt hat. Sie berühren auch heute noch, haben wandelnde Kraft. Sicher war sein Umfeld ein ganz anderes. Menschen der Barockzeit, in der die Lyrik nur so boomte, waren mit solchen Versen gut ansprechbar und erreichbar. Inwieweit sie sich heute noch für die Seelsorgepraxis eignen, mag offen bleiben.

[33] Alle Zitate aus Baumotte: Angelus Silesius. Der Himmel ist in dir.

3.6. Vom Trost der Lieder und der Musik

Es gibt wenige Dinge, die einen Menschen so tief berühren können wie die Musik. Sie entfesselt Kräfte, befreit, bewegt und hebt. Sie verbindet und harmonisiert, lässt Glück spüren und Tränen fließen, führt zu frischem Mut und zu innerem Frieden. Musik verzaubert.

Oft scheint es so, als sei sie eine eigene Sprache, die jeder versteht, eine Sprache der Seele. So ist es nicht verwunderlich, dass gerade auch Spiritualität musikalische Ausdrucksformen gesucht und gefunden hat. Das Singen der Psalmen, Loben, Danken, Anbeten war von Anfang an ein tragendes Element der gottesdienstlichen Feiern und der christlichen Lebensgestaltung.

Gerade an den liturgischen Formen der frühen Kirche wird deutlich, wie sich die Musik mit der christliche Botschaft verbündet und Wege bahnt in die Herzen der Menschen. Sie transportiert die frohe Botschaft, die Freude, die Hoffnung.

Kirchenmusik hatte wohl auch zu allen Zeiten auch etwas Tröstliches. Selbst wenn sie in das Loben hineinführt, geschieht das oft auf dem Hintergrund der Erfahrung von Schmerz und Trost.

So konnte der Arzt und Musikwissenschaftler Albert Schweizer auf die Frage, wer Johann Sebastian Bach für ihn sei, antworten: Er ist ein Tröster.

Ich kann die Antwort gut nachvollziehen. Am musikalischen Werk Bachs wird wohl besonders deutlich, dass Musik getrost machen kann, noch mehr, wo sie mit Zuversicht stiftenden Texten verbunden wird. So gesehen hat geistliche Musik auch eine seelsorgerliche Funktion.

Die Traumatherapeutin Luise Reddemann hat in ihrem Buch „Überlebenskunst“ eindrucksvoll beschrieben, wie besonders die Kantaten Johann Sebastian Bachs ermutigen und Trost geben. Dabei sieht sie einen engen Zusammenhang zwischen der musikalischen Übersetzung der Textvorlagen und der Biografie des Komponisten. Diese ist gekennzeichnet von einem Übermaß an Leid- und Verlusterfahrungen. Bereits in seiner frühesten Kindheit war er mit Tod und Trauer konfrontiert. Geschwister starben. Im Alter von zehn Jahren war Bach Vollweise. Innerhalb weniger Monate verlor er seine Eltern, wurde in die Familie seines älteren Bruders aufgenommen. Seine erste Frau verstarb, als er gerade auf einer Dienstreise war. Als er nach Hause kam, war sie bereits bestattet. Viele seine Kinder musste er zu Grabe tragen. Luise Reddemann fragt: Was gibt einem Menschen die Kraft, soviel Leid zu ertragen, nicht zu verzweifeln. Was hat Bach befähigt, trotz aller Widrigkeiten und persönlicher Katastrophen so berührende Musik zu komponieren?[34]

[34] Reddemann: Überlebenskunst. S. 66 ff.

Die Musik gab ihm offenbar die Möglichkeit, seine Gefühle, seinen Schmerz, seine Sehnsucht auszudrücken. Mitunter entsteht der Eindruck, als sei der Leidensweg Jesu die Folie, auf der sich eigene Leiderfahrungen abbilden können. Dies entspricht zumindest der barocken Frömmigkeit, nach der die „Imitation" des Leidens Christi zu Gott führt. An einem Beispiel möchte ich verdeutlichen, wie Bach mit seiner Musik eigenen Kummer zur Sprache gebracht hat und sich trösten konnte, an dem Chorsatz „Ich hatte viel Bekümmernis". Er entstand um 1714, gehört also zu den frühen Werken Bachs. Als biografischer Hintergrund könnte der frühe Tod zweier seiner Kinder gesehen werden. Die Zwillinge Maria Sophia und Johann Christoph verstarben bald nach ihrer Geburt im Jahr 1713. Das war wohl die erste große Verlusterfahrung seit dem Tod seiner Eltern. Alter Schmerz, so stelle ich mir vor, wurde neu aktiviert. Die Kantate gibt nun Gelegenheit, den Kummer in Worte und Klänge zu fassen. Nach getragenen Sinfonia setzt der Chor ein und rezitiert vielstimmig das Thema der Kantate „Ich hatte viel Bekümmernis in meinem Herzen" (nach Psalm 94, 19). Mehr als zwanzigmal erklingt die Textzeile. Der Kummer braucht offenbar sehr viel Raum, um sich ausdrücken zu können. Die Vielstimmigkeit und die sich wiederholenden Einsätze scheinen die Vielfalt des Leids zu symbolisieren. Als Hörer finde ich meinen eigenen Kummer mit benannt. Die Melodieführung der Klagerufe geht beständig nach unten, bis zu einer deutlichen Zäsur. Nun schweigen Instrumente und Stimmen für einen (subjektiv als lang empfundenen) Moment. Nach der Pause und einem einstimmigen „Aber" folgt die Textzeile „Deine Tröstungen erquicken meine Seele." Nun schwingt sich die Melodie nach oben. Die Aussage wird kräftiger, wirkt erhebend. Als Hörer fühle ich mich hinein genommen in die Aufwärtsbewegung, spüre die Kraft, die sich aus dem tröstlichen Bekenntnis entfaltet. Der Wandlungsprozess, der in Text und Musik vollzogen wird, überträgt sich auf den Hörer. Kummer kann sich auflösen in Zuversicht.
Die Musik Johann Sebastian Bachs berührt wohl auch deshalb so stark, weil sie authentisch ist. Sie hebt nicht ab, sondern integriert schmerzvolle Lebenserfahrung und führt doch aus dem Bedrückenden heraus. Sie tröstet.

Gleiches gilt auch für das geistliche Liedgut. Wie viele Menschen haben Kraft schöpfen können beim Singen oder Hören von geistlichen Liedern.
Ich denke an die Lieder Paul Gerhardts. Er war ein Zeitgenosse Bachs, lebte von 1607-1676. Auch in seiner Biografie gab es viele Brüche. Als er zwölf Jahre alt war, verlor er den Vater. Zwei Jahre später verstarb die Mutter. Vier seiner Kinder starben, nur ein Sohn überlebte die Eltern. Die Lebensschicksale der Menschen dieser Zeit ähneln sich. Viele seiner Dichtungen sind durch die Auseinandersetzung mit leidvollen Erfahrungen entstanden. Gerade dadurch erscheinen sie so tiefgründig und sind geeignet,

die „erkämpfte“ Zuversicht weiterzugeben. Auch heute noch fühlen sich Menschen getröstet, wenn sie singen oder mit Paul Gerhardt sprechen können:

Befiehl du deine Wege und was dein Herze kränkt
der allertreusten Pflege des, der den Himmel lenkt.
Der Wolken, Luft und Winden gibt Wege, Lauf und Bahn,
der wird auch Wege finden, da dein Fuß gehen kann. (EG 361)

Durch den häufigen Gebrauch wirken solche Liedstrophen manchmal etwas verschlissen, aber sie haben ihre Kraft nicht verloren, Menschen aufzurichten.

Für die Seelsorge ist mir wichtig, diese Texte als Ergebnis eines längeren inneren Prozesses zu sehen. Ich kann sie nicht „aufpfropfen“, nicht „verordnen“, bestenfalls anbieten, wenn ich einen Menschen auf der Suche nach Halt und Gottvertrauen begleitet habe.

4. Ressourcenorientierte Ansätze in der Psychotherapie

Ressourcen, die einen Menschen befähigen, schwierige Lebenssituationen zu bewältigen, waren von Anbeginn im Blickfeld psychotherapeutischer Arbeit. Ohne die inneren und äußeren Kräfte wäre heilvolle Veränderung kaum möglich. In den vergangenen Jahrzehnten entstand aber ein noch größeres Interesse an den Kraftquellen. Durch die Forschung konnte eine Vielzahl hilfreicher Faktoren zusammengetragen werden, die sich aus individuellen, gemeinschaftlichen und kulturellen Ressourcen erschließen lassen. Dabei fanden auch spirituelle Ressourcen mehr und mehr Beachtung. Seelsorge kann von diesen Erkenntnissen profitieren.

4.1. ...trotzdem Ja zum Leben sagen

Der in Wien geborene jüdische Psychiater Viktor E. Frankl überlebte den Aufenthalt in verschiedenen Konzentrationslagern. Seine junge Frau und seine Eltern wurden Opfer des NS-Regimes. Sie starben unter den grausamen Bedingungen der Internierung.
In seinem Überlebensbericht „...trotzdem Ja zum Leben sagen“ schildert er die extremen körperlichen und psychischen Belastungen des Lebens im Lager. Er sah, wie Mithäftlinge den Horror nicht lange ertragen konnten. Sie gaben ihr Leben auf, „gingen in den Draht“, d.h. sie suizidierten sich am Hochspannungszaun. Und er beobachtete, wie andere den täglichen Strapazen und Demütigungen trotzten.
Was hatte ihnen die Kraft gegeben, die Extremsituationen durchzustehen? Was hatte ihm selbst geholfen, psychisch gesund zu bleiben?
Frankl verglich die Seele des Menschen mit einem Gewölbe. Ein Gewölbe, so baufällig es auch geworden ist, bekommt durch den Druck inneren Halt. So kann sich die Seele durch die Belastung selbst stabilisieren.[35]
In seinem Erfahrungsbericht beschreibt er unscheinbar und bescheiden anmutende Details seiner „Überlebenskunst“ und benennt damit Ressourcen, aus denen ihm Kraft und Zuversicht zuflossen:

- Sich an dem kleinen aufgesparten Stück Brot freuen, es segnen.
- Dankbar sein, im Bett schlafen zu können, nicht Wache stehen zu müssen.
- Verantwortung für das eigene Leben haben können auch unter unmenschlichsten und unwürdigsten Bedingungen.
- Sich die Würde nicht nehmen lassen, indem man z.B. auf Körperpflege achtet, auch unter den Bedingungen des Lagers.

[35] Frankl: Die Sinnfrage in der Psychotherapie, S.134

- Autonom bleiben, d.h. Entscheidungen treffen können, die das eigene Leben verändern.
- Den Augenblick wahrnehmen mit seinen Möglichkeiten.
- Entdecken, was das Leben von mir erwartet und darin Sinn finden.[36]

Ebenso half ihm die Vorstellung, dass er nach der Befreiung aus dem KZ wieder Vorlesungen halten würde.
Nach dem Ende des Zweiten Weltkrieges veröffentlichte Frankl zahlreiche Vorträge und Schriften. Bereits in den zwanziger Jahren, am Anfang seiner akademischen Laufbahn, hatte er sich mit der Sinnfrage befasst und den Begriff der Logotherapie (griech. „Heilung durch Sinn") geprägt, der für eine neue Denkrichtung in der Psychotherapie stand. Nun knüpfte er daran an. Seine Lagererfahrung untermauerte seinen Ansatz, dass jedes Leben auch unter widrigsten Umständen Sinn hat und die Sinnfindung als lebensbejahende Kraft therapeutisch nutzbar gemacht werden kann. Die Logotherapie (auch Existenzanalyse genannt) hatte sich sehr schnell als eigenständige therapeutische Methode etabliert. Sie möchte Menschen ermutigen, Sinn und Lebensaufgaben auch in Leid und Krankheit zu entdecken. So kann z.B. der Sinn einer Depression darin gesehen werden, sie durchzustehen und zu bewältigen. In einem seiner Vorträge fasste Frankl sein Anliegen in knappen Sätzen zusammen, nämlich „zu zeigen, dass der Mensch trotzdem- trotz allem: trotz Not und Tod, trotz Leiden an körperlicher und seelischer Krankheit oder unter dem Schicksal des KZ – Ja sagen kann zum Leben."[37]

In seelsorgerlichen Gesprächen erlebe ich immer wieder, wie bedrückend Menschen ihre eigene Situation empfinden, wie verzweifelt sie versuchen, ihrem Schicksal einen Sinn abzugewinnen. Die Erfahrung Frankls zeigt, dass sich der inneren Verzweiflung etwas entgegenstellen lässt, dieses Ja zum eigenen Leben. Diese trotzige Lebensbejahung findet sich in vielen biblischen Texten, und sie veranschaulichen, wie daraus Kraft gewonnen werden kann.
Seelsorge kann aus dem Kraftfeld biblischer und kirchlicher Tradition lebensbejahende Impulse geben. Sie kann Menschen auf der Suche nach Sinn begleiten und das Leben trotz aller Brüchigkeit und Verletzbarkeit würdigen.

---

[36] Ebd. S. 139
[37] Ebd. S. 141

4.2. Salutogenese- ein neuer Denkansatz in der Therapie

In den 70er Jahren des 20. Jahrhunderts beschäftigte sich der amerikanisch-israelische Medizinsoziologe Aaron Antonovsky aufs Neue mit den Erfahrungen ehemaliger KZ-Häftlinge. Er befragte jüdische Frauen, die als junge Erwachsene den Holocaust überlebten, nach ihrer Gesundheit. Seine Hypothese: Es muss gesundheitsfördernde Faktoren geben, die es überhaupt möglich machen, die extremen Stresssituationen auszuhalten, ohne nachhaltig traumatisiert zu werden. Zu seinem Erstaunen gaben 29% der befragten Frauen an, bei guter Gesundheit zu sein. In einer Vergleichsgruppe von Personen, die nicht diesen Belastungssituationen ausgesetzt waren, fühlten sich 51% der Befragten in guter psychischer Verfassung, also nur etwa 20% mehr. Wie war es möglich, dass ein Drittel der Holocaustüberlebenden psychisch stabil geblieben sind? Was hat sie widerstandsfähiger gemacht?

Antonovsky begründete das auf Gesundheit orientierte Modell der Salutogenese (lat. salus – gesund, griech. genese – werden, entstehen). Entscheidend ist für ihn nicht die Frage, was einen Menschen krank macht, sondern was seine Gesundheit fördert und stabilisiert. Dabei setzte er sich kritisch mit der herkömmlichen Herangehensweise der Medizin auseinander, die darauf bedacht ist, zuallererst nach den Ursachen einer Erkrankung zu forschen, um dann die Symptome zu lindern oder zu heilen (Pathogenese).
Den Unterschied zwischen beiden Ansätzen veranschaulichte er mit einem Bild: Das Leben ist vergleichbar mit einem Fluss. Da gibt es leichte Strömungen, aber auch Stromschnellen und Strudel. Die krankheitsorientierte Medizin versucht den ertrinkenden Menschen zu retten. Die Salutogenese bringt ihm das Schwimmen bei.[38]
Die klare Trennung von Gesundheit und Krankheit ist nach Antonovsky nicht besonders hilfreich. Studien belegen, dass sich im Durchschnitt ein Drittel der Menschen im Zustand einer Krankheit befinden,[39] oft ohne es zu wissen, ohne Beschwerden zu haben. Mediziner pflegen zuweilen zu scherzen: „Gesund ist, wer nicht ausreichend untersucht wurde.“ Andererseits ist jeder Kranke insofern auch gesund, dass er gesunde Anteile hat und sich die Erkrankung meist nur in einem begrenzten Bereich auswirkt.
Im Interesse der gesundheitsorientierten Forschung stehen demzufolge Einflüsse, die die Gesundheit stabilisieren, sowie Strategien, mit denen ein Mensch Stress und Belastungen bewältigen kann.

---

[38] Ohm: Lachen, lieben, länger leben. S.24
[39] Ebd.

Die befragten Frauen, die den extremen Belastungen im Konzentrationslager ausgesetzt waren und diese unbeschadet überstanden, mussten auf solche Widerstandsressourcen und Bewältigungsstrategien zurückgegriffen haben. Antonovsky nennt diese innere Kraft „sense of coherence", Kohärenzgefühl.
Es beinhaltet drei Fähigkeiten:

1. Verstehbarkeit, die Fähigkeit, ein Ereignis einzuordnen, sich etwas erklären zu können.
2. Bewältigbarkeit, die Fähigkeit, angemessen (nicht hilflos) mit einer Situation umgehen zu können, eine Herausforderung zu meistern.
3. Sinnhaftigkeit, die Fähigkeit, in einer Herausforderung einen Sinn zu erkennen.[40]

Zudem sind es innere und äußere Ressourcen, die zur gesundheitlichen Stabilität beitragen:

- Ein vorbeugendes Gesundheitsbewusstsein (gesunder Lebensstil)
- Physiologische Ressourcen (ein intaktes Immunsystem)
- Ein positives Selbstwertgefühl
- Sozialer Rückhalt (Verbundenheit mit anderen Menschen)
- Lebenszufriedenheit
- Hoffnungsorientiertes Denken
- Spirituelle Ressourcen.

Der Mensch ist im Sinne der Salutogenese nicht zuerst Träger von Krankheitssymptomen und Opfer der Belastungen, sondern „Experte" für die Bewältigungspotentiale, die in ihm stecken oder die ihm sein Umfeld zur Verfügung stellt.
Antonovskys Denkansatz ist vielfach aufgegriffen und zu unterschiedlichen Therapiekonzepten weiterentwickelt worden.
Den Gewinn dieser Sichtweise für die seelsorgerliche Arbeit sehe ich darin, dass ich mich nicht auf das Bedrückende konzentriere, was bei einem Menschen ganz oben aufliegt, sondern auf seine Stärken und Möglichkeiten.

4.3. Gesundheitspsychologie und Positive Psychologie

Die Gesundheitspsychologie beschäftigt sich vornehmlich mit der Erforschung gesundheitsfördernder Maßnahmen und Prävention. Sie baut auf den Erkenntnissen der Salutogenese auf. Die Positive Psychologie richtet ihr Interesse nicht nur auf die Gesundheit. Ihr geht es um die Frage, was das Leben eines Menschen glücklich, zufrieden und lebenswert macht.

---

[40] Ebd.. S 60 f.

Martin Seligman, der 1998 gemeinsam mit zwei seiner Kollegen diese neue akademische Disziplin begründete, nennt drei „Säulen der Positiven Psychologie“: Die Erforschung der positiven Emotionen, die Erforschung der positiven Charaktereigenschaften und die Erforschung der unterstützenden Strukturen im gesellschaftlichen Umfeld.[41] Die Positive Psychologie vereint somit sehr unterschiedliche Forschungsrichtungen. Sie untersucht, wie sich z.B. Dankbarkeit, Vertrauen, Optimismus, Glücksempfinden, Humor, Flow oder auch positive Arbeitsbedingungen auf das Leben eines Menschen auswirken.

4.3.1. Von der heilsamen Wirkung des Lachens

Bereits der griechische Philosoph Sokrates (469-399 v. Chr.) beobachtete, dass mit Humor der Genesungsprozess positiv beeinflusst werden kann. Der ebenfalls im alten Griechenland wirkende Arzt Hippokrates (460-370 v. Chr.) legte seinen Schülern ans Herz, ihren Patienten fröhlich, heiter und strahlend zu begegnen. Denn Lachen sei die beste Medizin.

Das Wort Humor kommt aus dem Lateinischen und bedeutet so viel wie „Flüssigkeit“. Die Mediziner der Antike hatten die Vorstellung, dass sich Charaktereigenschaften und Stimmungen des Menschen aus der Mischung der „Körpersäfte“ herleiten lassen. Galenos aus Pergamon (129-ca.200) entwickelte daraus die « Vier-Säfte-Lehre » (Schleim, Blut, gelbe und schwarze Galle). Beim Phlegmatiker überwiegt der zähe Körpersaft, beim Sanguiniker das Blut, beim Choleriker die gelbe Galle, beim Melancholiker die schwarze Galle. Der Humor ist die flüssige, bewegliche, spritzige Geisteshaltung.

In den 1960er Jahren begann man die körperlichen und psychischen Auswirkungen des Lachens wissenschaftlich zu erforschen. Es entstand ein neues Wissenschaftsgebiet, die Gelotologie (griech. gelos – Gelächter).

Hunter „Patch“ Adams konnte in den 1970er Jahren nachweisen, was im Grunde seit den Anfängen der Medizin bekannt war: Lachen lässt erkrankte Menschen schneller gesund werden. Er gründete daraufhin in Arlington (USA) das erste Humorkrankenhaus.

Die gelotologische Forschung bekam einen besonderen Impuls durch die Krankengeschichte des amerikanischen Journalisten Norman Cousins. Er erkranke an Spondylarthritis, einer chronischen Entzündung der Wirbelsäule, die nur in den seltensten Fällen heilbar und mit sehr starken Schmerzen verbunden ist. Seine Prognose, die Krankheit zu überstehen, lag bei 1:500. Nun hatte er von der Möglichkeit, einen Krankheitsprozess mit Humor

[41] Seligman, Martin: Glücks-Faktor, S.413f.

positiv zu beeinflussen, gehört und begann mit einer Selbsttherapie. Er wechselte vom Krankenhaus in ein nahe gelegenes Hotel, ließ sich von Freunden Witze erzählen, heitere Geschichten vorlesen, schaute lustige Filme an. Seine Erfahrung: Nachdem er zehn Minuten schallend lachen konnte, ließen seine Schmerzen für etwa eine Stunde nach. Sein Gesundheitszustand verbesserte sich, was auch durch Laborwerte belegt werden konnte. Nach einiger Zeit ist er vollständig genesen.

Lachen verändert nachweislich die Befindlichkeit eines Menschen:

- Die Sauerstoffversorgung im Gehirn wird verbessert.
- Endorphine, körpereigene schmerzstillende Substanzen werden freigesetzt.
- Die subjektive Schmerzempfindung schwächt sich ab.
- Der Kreislauf wird aktiviert.
- Stress wird abgebaut.
- Das Immunsystem wird gestärkt.
- Botenstoffe wie Gamma-Interferon, die z.B. die Vermehrung von Tumorzellen hemmen, werden aktiviert.
- Der Entspannungseffekt des Lachens entspricht dem des Autogenen Trainings. [42]

Eine Studie aus dem Jahr 2001 bestätigte den Zusammenhang zwischen Humor, positiven Emotionen und Gesundheit. Eine bevorzugte Untersuchungsgruppe sind Nonnen, da sie unter vergleichbaren sozialen Bedingungen und Beziehungssystemen leben und arbeiten. Von 180 Nonnen wurden Novitätsaufsätze analysiert, die die jungen Novizinnen bei ihrer Aufnahme ins Kloster verfasst hatten. Man versuchte, den Gehalt ihrer Fröhlichkeit und der positiven Lebenseinstellung festzustellen. Die Untersuchung ergab: Von den „fröhlichsten" Nonnen lebten im Alter von 85 Jahren noch 90 %, von den „weniger fröhlichen" lebten im gleichen Alter nur noch 34 %. Über die Hälfte der „fröhlichsten" Ordensschwestern erreichten ein Lebensalter von 94 Jahren, während von den „weniger fröhlichen" nur 11% dieses hohe Alter erreichten.[43]

Humor wir heute gezielt therapeutisch eingesetzt. Viktor Frankl, Begründer der Logotherapie empfahl seinen Patienten, der Angst, den Belastungen und Beschämungen ins Gesicht zu lachen. Er sprach von der „Trotzmacht des Lachens", die die innere Spannung löst und eine befreiende Distanz zu den

---

[42] www.glücksarchiv.de : Lachen

[43] Diegelmann/ Isermann: Ressourcenorientierte Psychoonkologie, S. 62

leidvollen Erfahrungen schafft.[44] Der Emotionsforscher Paul Ekman kreierte die „Therapie des bewussten Lächelns“ und wies nach, dass Lächeln Stressreaktionen entgegenwirkt und die stressbedingte Muskelverspannung abbaut.[45]

4.3.2. Flow, das Aufleben der Seele

Flow beschreibt ein Lebensgefühl der Hingabe, Selbstvergessenheit und des völligen Einswerdens mit dem Leben. Mihaly Csikszentmihalyi, amerikanischer Psychologe, war von Menschen beeindruckt, die völlig in ihrer Arbeit aufgingen. Er beobachtete die selbstvergessene Hingabe besonders bei Malern und bildenden Künstlern, die sich ganz und gar auf ihr Kunstwerk konzentrierten, bei Bergsteigern, die mit Begeisterung die höchsten Gipfel bezwangen, bei Tänzerinnen, die mit fröhlicher Leichtigkeit zu extremen körperlichen Leistungen fähig waren. Allen war gemeinsam, dass sie bei allen Anstrengungen ein Glücksgefühl erlebten. Csikszentmihalyi untersuchte dieses Phänomen und kam zu dem Ergebnis, dass dieses Flow-Erlebnis mit einer bestimmten Einstellung, einem bestimmten Verhalten im Zusammenhang steht.
Es tritt auf,

- wenn mir eine Aufgabe gestellt wird, der ich mich gewachsen fühle,
- wenn ich ganz bei der Sache bin, die ich gerade tue,
- wenn das Ziel einer Aufgabe eindeutig ist und sie Sinn macht,
- wenn ich konzentriert bin und das Ergebnis meines Tuns kontrollieren kann,
- wenn ich meine Aufgabe als beglückend erleben kann, nicht als Zwang oder Stress.[46]

Flow ist nicht mit Spaßhaben gleichzusetzen. Spaß ist kurzlebig, schafft nur kurze Befriedigung. Ein Flow-Gefühl wird „erarbeitet“, setzt im gewissen Sinne auch Können und den bewussten Einsatz meiner Fähigkeiten voraus.
Um ein Gefühl von Glück und Sinnerfüllung zu erlangen, bedarf es nicht unbedingt großer Anstrengungen. Oft genügt eine bewusstes Wahrnehmen der Möglichkeiten, die das Leben bietet, die Wertschätzung des Augenblicks, die Freude über das, was ich für mich oder für andere tun kann. Diese Wahrnehmung ist erlernbar.

---

[44] Ohm: Lachen, lieben, länger leben. S.111
[45] Ebd. S.120
[46] Ebd. S. 125

4.3.3. Wer dankbar ist, fühlt sich glücklicher

Die Fähigkeit, dankbar zu sein, ist bei jedem Menschen unterschiedlich ausgeprägt. Erziehung, äußere Lebensumstände, aber auch charakterliche Prägungen und genetische Dispositionen sind mit dafür verantwortlich, wie Lebenserfahrungen bewertet werden. Das Glücks- und Dankbarkeitsempfinden eines einzelnen Menschen ist relativ konstant. Selbst nach katastrophalen Ereignissen kehren Menschen zu ihrem „gewohnten Maß“ an Dankbarkeit zurück.

Diesen Prozess, sich immer wieder auf einen inneren Festwert einzupegeln, nennt man Adaption oder hedonistische Anpassung. Trotz dieser inneren Festlegung lässt sich Dankbarkeit einüben. Allein durch das Sich-bewusstmachen, was man an Gutem empfangen hat, verstärkt sich das Gefühl der Dankbarkeit.

Die Dankbarkeit wirkt sich positiv auf das Leben eines Menschen aus. Dies konnte in mehreren wissenschaftlichen Untersuchungen nachgewiesen werden.

In seinem Buch „Vom Glück dankbar zu sein“[47] machte Robert Emmons, Psychologieprofessor aus Kalifornien, seine Forschungsergebnisse einer breiten Öffentlichkeit bekannt. Sein Leitsatz: Wer dankbar durchs Leben geht, ist einfach glücklicher.

In einer Versuchsreihe wurde eine Gruppe von Probanden aufgefordert, einige Wochen lang täglich fünf Erfahrungen aufzuschreiben, wofür sie dankbar sind. Im Vergleich mit einer neutralen Kontrollgruppe war die dankbarkeitsorientierte Gruppe nach Ablauf der Untersuchung wesentlich optimistischer gestimmt. Die Teilnehmer wiesen im Durchschnitt weniger gesundheitliche Probleme auf als die Teilnehmer aus der Kontrollgruppe. [48]

Emmons erweiterte die Studie. Er verglich eine Gruppe körperlich schwer erkrankter Menschen kurioserweise mit einer Gruppe von Menschen, die im Lotto gewonnen hatten. Es stellte sich heraus, dass die Lottogewinner weniger glücklich waren als erwartet. Die Personen mit einer schweren Wirbelsäulenerkrankung, die sich in Dankbarkeit übten, erschienen im Vergleich glücklicher und zufriedener.[49] Er konnte damit belegen, dass „Menschen, die ihr Gefühl der Dankbarkeit systematisch und regelmäßig kultivieren, eine Reihe von messbaren Vorteilen vorzuweisen haben, und zwar auf psychischer, physischer und zwischenmenschlicher Ebene“.[50]

Das Ergebnis seiner Dankbarkeitsforschung fasst Emmons wie folgt zusammen:

---

[47] Orginalausgabe 2007: Thanks! How the new science of gratitude can make you happier.

[48] Emmons: Vom Glück, dankbar zu sein. S. 38ff

[49] Ebd. S. 33

[50] Ebd. S. 8

Dankbare Menschen haben

- ein höheres Maß an positiven Emotionen wie Freude, Begeisterung, Liebe, Glück,
- seltener negative Gefühle wie Neid, Groll, Gier, Bitterkeit,
- eine geringere Stressanfälligkeit,
- in der Regel eine höhere Widerstandskraft angesichts traumatisierender Stresserfahrungen,
- eine robustere physische Widerstandskraft,
- ein intensiveres Gefühl der Verbundenheit zu anderen und zu Gott,
- eine größere Genussfähigkeit und Freude am Leben.[51]

„Dankbarkeit gibt dem Leben einen Sinn, indem sie das Leben selbst als Geschenk kennzeichnet."[52]

4.4. Resilienzforschung

Resilienz bezeichnet die psychische Widerstandskraft eines Menschen. Der Begriff stammt ursprünglich aus der Materialforschung, beschreibt die Stabilität eines Stoffes, die Fähigkeit, nach mechanischer Belastung in die Ausgangsform „zurückzuspringen", also nicht zu brechen.[53]
1971 untersuchte die US-amerikanische Entwicklungspsychologin Emmy Werner eine Gruppe von 700 Jugendlichen auf der Hawaii-Insel Kauai und begleitete diese mehrere Jahre. Alle Jugendlichen waren um 1955 geboren. 30% der 15-16 Jährigen wuchsen unter sehr schwierigen sozialen Bedingungen auf. Sie lebten in Armut, wurden von ihren Eltern vernachlässigt oder gar misshandelt. Die Familien waren zum Teil zerrüttet. Für diese Risikogruppe interessierte sich die Psychologin besonders. Sie stellte fest, dass sich tatsächlich der größere Teil der Jugendlichen negativ entwickelte. Sie waren verhaltensauffällig, erzielten in der Schule schlechte Lernergebnisse, bekamen psychische Probleme. Einige wurden straffällig. Aber ein Drittel der Jugendlichen, die den widrigen sozialen Bedingungen ausgesetzt waren, entwickelte sich gut. Zunächst vermutete man, dass es sich um besondere Persönlichkeitsmerkmale der ausgewählten Personen handelte, dass sie charakterlich robust und seelisch nicht so leicht verwundbar waren. Weitere Studien ergaben jedoch, dass andere Faktoren für das Ergebnis verantwortlich waren: Es gab stabile Bindungen, wenn nicht in der Familie, dann zu anderen Personen. Die Jugendlichen waren in der Lage, sich selbst

---

[51] Ebd. S. 20
[52] Ebd. S. 21
[53] Maercker: Posttraumatische Belastungsstörung. S. 70

zu akzeptieren. Sie waren einfühlsam, anpassungsfähig, konnten tragfähige Beziehungen aufbauen. Sie handelten zielstrebig und kompetent. Damit war die Annahme widerlegt, dass ungünstige Voraussetzungen immer auch negative Folgen für die Entwicklung eines Menschen haben müssen.
Solche Widerstandsressourcen können eine scheinbar vorprogrammierte Negativentwicklung abmildern. Sie stabilisieren das seelische Gleichgewicht. Sie erhöhen die Kompetenz eines Menschen, mit schwierigen Situationen besser umgehen zu können.

Resilientes Verhalten ist vermittelbar und erlernbar. Es gibt zahlreiche therapeutische und sozialpädagogische Konzepte, die psychische Widerstandskraft zu stärken.
Die Amerikanische Psychologenvereinigung hat im Zuge der Traumatisierungen durch den Terroranschlag am 11. Septembers 2001 eine Kampagne ins Leben gerufen, mit dem Ziel, Menschen gerade angesichts terroristischer Bedrohung im Umgang mit Extremsituationen kompetenter und widerstandsfähiger zu machen.
Sie beschreibt „Zehn Wege zur Resilienz“.[54]

- *Vernetze dich.*
- *Vermeide es, Krisen für unüberwindbar zu halten.*
- *Akzeptiere, dass Veränderungen zum Leben gehören.*
- *Wende dich deinen eigenen Zielen zu.*
- *Sei entscheidungsfreudig.*
- *Eröffne dir Möglichkeiten, dich selbst zu entdecken.*
- *Entwickle und bewahre ein positives Selbstbild.*
- *Betrachte die Dinge aus dem richtigen Blickwinkel.*
- *Bewahre dir eine hoffnungsvolle Haltung.*
- *Sorge für dich selbst und sei achtsam.*

Seelsorge kann einen Beitrag zur seelischen Widerstandsfähigkeit leisten z.B. indem sie das positive Selbstbild oder die Hoffnung in einem Menschen stärkt. Die biblischen Texte geben dafür zahlreiche Impulse. Vielleicht ist es auch hilfreich, Konfirmation („Festigen“) ganzheitlich zu verstehen, um Selbstwert und soziale Kompetenzen bei den Jugendlichen zu unterstützen. So könnte ihnen ein „spiritueller Notfallkoffer“ mit auf ihren Weg gegeben werden, Gebrauchstexte, Gebete, die geeignet sind, der eigenen Hilflosigkeit entgegenzuwirken, das Selbst- und Gottvertrauen zu stärken.

[54] Ebd. S. 72

4.5. Systemisches Denken

Der systemische Denkansatz ist aus verschiedenen theoretischen Konzepten der Kommunikationswissenschaft, der Soziologie, der Biologie und Psychotherapie hervorgegangen und hat sich als eigenständige Therapierichtung konstituiert.
Der Grundansatz systemischen Denkens besteht darin, den einzelnen Menschen in seinen Beziehungssystemen zu sehen. Nicht allein der Mensch als biologisches Wesen ist im Blick, nicht allein seine Störungen, seine Erkrankung, sondern sein gesamtes Umfeld. So kann es sein, dass eine Person Symptomträger wird für ein Problem, für eine Beziehungs- oder Kommunikationsstörung, die es z.B. in der Familie gibt. Das heißt, Probleme sind sozial konstruiert. Das Umfeld kann aber nicht nur verantwortlich gemacht werden für Fehlentwicklungen. In ihm liegen auch die Ressourcen für Problemlösungen und positive Veränderungsschritte. Diese Ressourcen können wahrgenommen und aktiviert werden.

Systemisches Denken lässt sich folgendermaßen beschreiben:

- Betrachten der kommunikativen Wechselwirkungen in einem Beziehungssystem statt der Ursache-Wirkungs-Kette,
- Betrachten von Beziehungen statt der individuellen Eigenschaften einer Person,
- Schaffen von brauchbaren Wirklichkeiten statt Festhalten an oder die Suche nach einer „objektiven" Wahrheit,
- Beachtung des Kontextbezuges von Aussagen oder Verhalten statt bezuglose Feststellungen,
- Ressourcen- und Lösungsorientierung statt Problembezogenheit.[55]

Virginia Satir, US-amerikanische Sozialtherapeutin, ist eine der MitbegründerInnen der Systemischen Therapie. In den 1950er Jahren begann sie familienorientiert zu arbeiten und entwarf die Methode der Skulpturarbeit (Familienaufstellung). Diese Methode ermöglicht es, auf die Beziehungskonstellation einer Familie zu schauen, zu beobachten, was Beziehungen blockiert, was die Kommunikation erschwert oder eben auch fördert. Insofern richtet systemisches Denken die Aufmerksamkeit nicht auf Störungen und Defizite. Wichtiger ist, wie z.B. eine Störung vom Betroffenen selbst bewertet und gedeutet wird, wie seine Angehörigen reagieren, wie sie sich zueinander verhalten, wie sie miteinander kommunizieren. Aus diesen dynamischen Prozessen lässt sich erschließen, was eher krankmachende und was gesundheitsfördernde Dynamiken sind.

[55] Wimmer: Systemische Interventionen. S. 2

Ziel der therapeutischen Arbeit ist, die Lösungskompetenzen und Handlungsmöglichkeiten einer Person im umgebenden Bezugssystem zu erweitern.
Die speziellen Arbeitsmethoden und Techniken Systemischer Therapiekonzepte sind sehr vielfältig. Hier sollen nur einige genannt werden, die für die ressourcenbezogene Arbeit in der Seelsorge von Bedeutung sein könnten:

- Positive Konnotation

  Die positiven Bedeutungsinhalte eines Wortes oder einer Aussage werden herausgearbeitet, z.B. die Wendung „im Bett liegen" löst nicht nur negative Assoziationen aus, bedeutet auch „ausruhen können, ein weiches Lager haben" usw.
- Umdeutung (Reframing)

  Einer Situation wird eine andere Bedeutung gegeben, indem sie in einen anderen Zusammenhang gestellt wird. Damit kann ein Problem aus einer anderen Perspektive betrachtet werden und eine andere (Be)-Deutung gewinnen. Z.B. Die Krankheit gibt Gelegenheit, zur Ruhe zu kommen. Oder eine Patientin sagt: „Durch meine Krankheit weiß ich jetzt, wer wirklich zu mir hält."
- Möglichkeitsraum vergrößern

  Der Blick für die eigenen Möglichkeiten soll erweitert werden. Z.B: „Ich muss zwar im Bett liegen, kann aber auch lesen, telefonieren usw. Ich kann darüber nachdenken, was in meinem Leben wirklich wichtig ist, was ich evtl. ändern möchte."
- Ressourcensuche

  Die Ressourcen müssen einem Menschen erst bewusst werden. Mit ihrer Hilfe lassen sich Handlungsmöglichkeiten erweitern, das Wohlbefinden und die Lebensqualität verbessern. Z.B. "Dass die anderen an mich denken, gibt mir Kraft."
- Selbstwertentwicklung

  Im Fokus der systemischen Perspektive steht immer auch die Person, die gestärkt, wertgeschätzt und ermutigt werden soll. Sie ist genau genommen auch ein System in sich (organisch, innerpsychisch, energetisch),[56]das durch Wertschätzung innere Stabilität bekommt. Z.B. „Wenn so viele an mich denken, spüre ich, dass ich ihnen etwas bedeute."

Eine neue Sichtweise schafft im Grunde eine andere Wirklichkeit, die als erträglicher oder hoffnungsvoller empfunden werden kann.

---

[56] Morgenthaler: Systemische Seelsorge S. 73

Seelsorge kann von diesen Erkenntnissen insofern profitieren, dass sie Menschen in ihren Bezugssystemen wahrnimmt, eben nicht nur als Einzelperson. Im System liegen auch die Möglichkeiten zur Veränderung. Sie kann helfen, den Blick zu schärfen für die eigene Position in den Beziehungssystemen, für die nutzbaren Ressourcen, für die Bedeutung des eigenen Lebens.

4.6. Positive Psychotherapie

Die Positive Psychotherapie setzt ähnlich wie die Salutogenese bei den Fähigkeiten und positiven Voraussetzungen an, die einem Menschen zur Verfügung stehen. Der einzelne Mensch wird analog dem Systemischen Ansatz nicht als isoliertes Einzelwesen begriffen, sondern im Zusammenhang seiner zwischenmenschlichen und interkulturellen Beziehungen.

Nossrat Peseschkan, gebürtiger Iraner, gilt als Begründer dieser Therapierichtung. Als er 1954 zum Medizinstudium nach Deutschland kam und später als Arzt tätig war, wurde er mit den kulturellen Unterschieden konfrontiert, besonders auch im Umgang mit Krankheit. In unserem Kulturraum führt eine Erkrankung oft dazu, dass sich der Betroffene zurückzieht, dass er sich isoliert oder auch von seinen Mitmenschen isoliert wird. Ist im Iran jemand erkrankt, sei es auch nur ein Beinbruch, wird das Krankenbett ins Wohnzimmer gestellt. Der Patient wird von Freunden, Bekannten, Kollegen aufgesucht. Es wird mit ihm erzählt, gelacht und geweint.[57] Der Effekt ist: Nicht die Krankheit, sondern der Mensch steht im Mittelpunkt. An seinen gesunden Anteilen wird angeknüpft. Der Patient wird nicht auf seine Erkrankung reduziert. Dadurch wird für ihn selbst ein neuer Blickwinkel möglich. Er nimmt deutlicher die Möglichkeiten wahr, die ihm verblieben sind, seine eigenen Fähigkeiten, die durch die Erkrankung nicht beeinträchtigt worden sind.
Krankheit kann so eine Umdeutung erfahren: Ein Beinbruch ist dann insofern „kein Beinbruch“, als er nicht isoliert und einsam macht, die Kommunikation mit der Außenwelt nicht unterbricht, das Zusammensein mit nahe stehenden Menschen nicht verhindert. Ein hohes Maß an Lebensqualität wird damit erhalten. Dieser stützende Rahmen des Eingebundenseins wird zur Ressource, die das Wohlbefinden und die Genesung fördert.

[57] Peseschkian: Wenn du willst S.104

Die fünf Stufen der Positiven Psychotherapie:[58]

1. Stufe: Beobachtung/Distanzierung
In diesem ersten Schritt geht es darum, Konflikte und Stressfaktoren wahrzunehmen. Aus einem Abstand kann beobachtet und beschrieben werden, wann sie auftreten, aber auch wann sie nicht als Belastung empfunden werden. Die Beschreibung lässt die Konturen einer belastenden Problematik erkennen und ermöglicht dann auch eine innere Distanz zu ihr.
Fragen: Was ist meine Situation? Was beunruhigt, ängstigt, ärgert mich? Wann geht es mir besser?

2. Stufe: Inventarisierung
Ziel der Inventarisierung ist es, Konflikte und Stressfaktoren anzuschauen, sie zu benennen, ihre Ursachen zu ergründen, sie zu ordnen. Aber auch die eigenen Ressourcen und Fähigkeiten der Konfliktbearbeitung sollen in Blick genommen werden.
Fragen: Welche Probleme sehe ich? Wann treten sie auf? Wie gehe ich damit um? Was könnte mir helfen, mit dem Konflikt zurechtzukommen?

3. Stufe: Situative Ermutigung
Wer sich mit Dingen beschäftigt, die positiv erlebt werden, dem fällt es leichter, sich mit negativen Erfahrungen auseinander zu setzen bzw. sie anzunehmen. Deshalb werden ganz bewusst die positiven Aspekte angesprochen, z.B. was den Aufenthalt im Krankenhaus erträglich macht.
Fragen: Was gibt mir Kraft? Was trägt mich? Was tut mir gut? Was kann ich der momentanen Situation an Positivem abgewinnen?

4. Stufe: Verbalisierung
Die Verbalisierung zielt darauf ab, die Sprachlosigkeit, in die ein Konflikt oder eine Krankheit geführt hat, zu überwinden. So soll der Patient ermutigt werden, die Probleme auszusprechen, aber auch Lösungsmöglichkeiten zu formulieren.
Fragen: Was wollte ich immer schon mal sagen? Wie fühle ich mich wirklich? Was möchte ich? Was hilft mir weiter?

5. Stufe: Zielerweiterung
Dieser Arbeitsschritt soll aus der „neurotischen Einengung“ des Blickfeldes herausführen, soll helfen, den Blick zu weiten, neue Ziele zu entdecken. Es geht darum, einen Plan für die nächste Zeit zu machen und zu überlegen,

[58] Peseschkian: Positive Psychotherapie S. 273ff

wie sich das Ziel verwirklichen lässt, welche Herangehensweise hilfreich sein könnte.
Fragen: Welche Ziele und Wünsche habe ich? Was kann ich tun, dass ich die Ziele erreiche? Was würde ich tun, wenn die Probleme gelöst wären?

Für die seelsorgerliche Arbeit ist mir wichtig, auch die positiven Aspekte einer als bedrückend empfundenen Situation wahrzunehmen und evtl. auch anzusprechen. Damit lenke ich den Blick auf das Tröstliche, was die Situation erträglicher macht.

4.7. Psychotraumatherapie

Ein Psychotrauma ist eine tiefe seelische Verwundung. Meist wird es ausgelöst durch ein bedrohliches Ereignis, das den Betroffenen in seinen Handlungs- und Bewältigungsmöglichkeiten überfordert hat, das also mit einem Gefühl von Angst und Hilflosigkeit einherging. Kann eine akute Traumatisierung psychisch nicht verarbeitet werden, setzt sie sich fest und führt zu einer dauerhaften Belastungsstörung.
Bei einer Traumatisierung bzw. einer Posttraumatischen Belastungsstörung können folgende Symptome auftreten:

- Ungewollt wiederkehrende und belastende Erinnerungen
- Belastende Träume
- Vermeidung von Gedanken und Gefühlen, die mit der traumatischen Erfahrung im Zusammenhang stehen
- Besondere Belastung an Jahrestagen (Ereignis, erschütternde Diagnose)
- Reaktion auf Schlüsselreize (Symbole, Worte, die das Traumaerlebnis wachrufen)
- Überflutendes Erzählen (Intrusion) oder fragmentierte, unterbrochene Redeweise

Zeigen sich bei einem Patienten einige dieser Symptome, ist dringend angeraten, ihn zu beruhigen und psychisch zu stabilisieren.
Er soll wieder ein Gefühl der Sicherheit bekommen, soll die Spannungszustände abbauen, soll Kontrolle über die Affekte, über das Erleben von Hilflosigkeit, Wut, Angst, Scham, Schuld, innerer Leere, wiedergewinnen. Er soll wieder in der Lage sein, belastende Gefühle auszuhalten, sich selbst zu beruhigen und sich selbst zu trösten.[59]

[59] Reddemann: Psychodynamisch Imaginative Traumatherapie, S. 144

Ihm kann bewusst gemacht werden, dass er über eine Vielzahl an Ressourcen verfügt, die ihn im Inneren stärken können.

Ressourcenorientiertes Arbeiten und imaginative Techniken haben sich in der Traumatherapie bewährt. Sie setzen bei der positiven Vorstellungskraft des Patienten an. Z.B. wird der Patient eingeladen, sich einen Ort vorzustellen, an dem er sich sicher fühlen kann, zu dem kein anderer Mensch Zugang hat. An diesem „sicheren Ort“ kann er aufatmen und Kraft schöpfen. Eine weitere hilfreiche Intervention wäre, ihn aufzufordern, die negativen Bilder und Erinnerungen in einen imaginativen Tresor zu sperren und erst einmal wegzuschließen, ihn auf das Hier und Jetzt und auf die eigenen Kompetenzen zu orientieren. Dadurch verliert sich das Gefühl der Hilflosigkeit.
Erst nach der Phase der Stabilisierung, die viele Therapiestunden in Anspruch nehmen kann, ist es möglich, mit der Bearbeitung des Traumaerlebens zu beginnen.

Auch schwere körperliche Erkrankungen können Ursache für eine anhaltende Traumatisierung sein. Eine Studie aus dem Jahr 2003 belegt, dass bis zu 25% der an Krebs erkrankten Menschen Symptome einer Posttraumatischen Belastungsstörung zeigen und sogar 44% aller Patienten, die nach akutem Lungenversagen langzeitbeatmet wurden.[60] Bei Patienten mit schweren Herz-Kreislauf-Erkrankungen (Herzinfarkt, schwere Herzrhythmusstörungen), die mit Todesangst und dem Gefühl von Hilflosigkeit einhergingen, wurden typische Traumareaktionen festgestellt. Ebenso können existenzielle Belastungen, Verlusterfahrungen oder auch das Miterleben des körperlichen Verfalls eines nahen Angehörigen traumatisch verarbeitet werden.
So hat sich aus der Traumatherapie eine neue Arbeitsrichtung entwickelt, die sich speziell mit der Situation onkologischer Patienten befasst: Die Psychoonkologie.

4.7.1. Psychoonkologie

Körper und Psyche, körperliche und psychische Abläufe sind unmittelbar miteinander verbunden. Dieser ursächliche Zusammenhang ist in den vergangen Jahren verstärkt ins Interesse der neurobiologischen Forschung gerückt. Der wechselseitige Einfluss seelischer Belastungen auf den Körper als auch körperlicher Beschwerden auf die Psyche ist hirnphysiologisch erklärbar. Eine Erkrankung kann aus dem Zusammenspiel körperlicher und psychischer Reaktionen verstanden werden.

[60] Maercker: Posttraumatische Belastungsstörung. S. 417

So ist in einer Vielzahl von Studien nachgewiesen worden, dass Stress das Immunsystem schwächt und damit das Erkrankungsrisiko erhöht. Eine finnische Studie, zu der über 10 000 Frauen befragt wurden, ergab, dass sich das Brustkrebsrisiko durch Trennung oder den Tod des Partners verdoppelt. Kommen noch andere Negativfaktoren dazu wie extremer Stress und fehlende soziale Unterstützung, erhöht sich das Erkrankungsrisiko.[61]
Der Göttinger Neurobiologe Gerald Hüther schreibt: „Jede Erkrankung ist Ausdruck einer Überforderung der im Organismus angelegten Fähigkeiten, eine aufgetretene Störung seines inneren Gleichgewichts durch eigene Reaktionen auszugleichen."[62] Durch dieses Ungleichgewicht wird ein Notfallprogramm aktiviert, in dem wiederum körperliche und psychische Prozesse ineinander greifen. Körperliche Erkrankungen sind also über die Psyche beeinflussbar. Es gibt Faktoren, die einen Krankheitsverlauf eher beschleunigen und Faktoren, die die Gesundheit stabilisieren.
Gesundheitsförderung ist mit relativ einfachen Techniken möglich. Der aus Frankreich stammende amerikanische Psychiater Servan-Schreiber, der selbst schwer an Krebs erkrankt war, berichtet in seinem „Anti-Krebsbuch" eindrücklich, wie er seiner Erkrankung den „Nährboden" entzogen hat, durch meditative Übungen und Stressabbau, durch Bewegung und sportliche Betätigung, durch Umstellung der Ernährung.
Forschungen der Universität Stanfort haben diese positiven Effekte nachweisen können: Brustkrebspatientinnen, die konsequent ihre Ernährung umstellten und sich regelmäßig bewegten, halbierten ihr Rückfallrisiko.[63] Als einen besonderen Schutzfaktor sieht Servan-Schreiber eine bewusste Lebenseinstellung und Lebensbejahung: „Bei den Patienten, die bemerkenswert lange überleben, geht die neu gewonnene Kraft mit einer anderen, oft ebenfalls neuen Einstellung einher: mit Dankbarkeit."[64]
Selbstheilungskräfte, gesundheitsfördernde Ressourcen lassen sich mental aktivieren. Hier setzt die ressourcenorientierte Psychoonkologie an.

Die Psychoonkologie ist eine relativ junge Wissenschaft. Sie befasst sich mit den emotionalen Belastungen von an Krebs erkrankten Patienten und mit den Möglichkeiten psychosozialer Unterstützung.
Mit der Diagnosestellung und dem unverzüglichen Behandlungsbeginn kommt es häufig zu einer existenziellen Verunsicherung und psychischen Belastung.

---

[61] Diegelmann/ Isermann: Ressourcenorientierte Psychoonkologie, S. 69
[62] Ebd. S.51
[63] Servan-Schreiber: Das Antikrebsbuch, S. 315
[64] Ebd. S. 307

Typische Reaktionen sind:

- Die Informationen, die der Arzt zur Diagnose und zum Therapieverlauf gegeben hat, werden nicht vollständig erfasst oder ausgeblendet. Manche Patienten bleiben scheinbar unberührt.
- Patienten fühlen sich wie erstarrt, gelähmt, hilflos, ohnmächtig ausgeliefert, handlungsunfähig.
- Sie möchten die Diagnose nicht wahrhaben. Die Untersuchungsergebnisse werden angefochten. „Die Ärzte, das Labor müssen sich getäuscht haben." Oft wird die Diagnose auch den Angehörigen gegenüber verschwiegen.
- Aggressionen kommen auf. Es wird nach einem „Schuldigen" gesucht. Auch Gott wird angefragt. „Wie kann er das nur zulassen!".
- Patienten fallen in ein Stimmungstief, weinen, klagen, fühlen sich schwach und klein, suchen die „Schuld" an der Erkrankung bei sich selbst, sind enttäuscht vom „Versagen" ihres Körpers, ängstigen sich, trauern.
- Viele Patienten fühlen sich durch die Krankheit stigmatisiert, schämen sich, ziehen sich zurück, meiden soziale Kontakte. Lebensmöglichkeiten und Lebensqualität werden als extrem eingeschränkt empfunden.

Auch die Angehörigen onkologisch erkrankter Patienten fühlen sich extrem belastet und verunsichert. Bei ihnen können sich ähnliche Reaktionen zeigen wie bei den Betroffenen selbst. Sie fühlen sich oft mit der Situation überfordert. Sie sind voller Sorge und voller Angst. Sie sind unsicher, wie sie ihrem Angehörigen begegnen sollen, was sie ihm sagen sollen.
Die Psychoonkologie möchte den Betroffenen, aber auch den Angehörigen Hilfestellung geben, mit der durch die Krankheit eingetretene Situation besser zurechtzukommen. Sie möchte Betroffenen und Angehörigen vermitteln, dass die Krebserkrankung keine unüberwindbare Katastrophe ist, dass sie vielmehr eine Herausforderung darstellt, die bewältigt werden kann.

Die Psychotherapeutin Margarete Isermann sieht fünf Schwerpunkte für die psychoonkologische Praxis:

1. Der Stress, den Diagnose und Behandlung ausgelöst hat, soll heruntergefahren werden.
2. Die Ressourcen, die dem Patienten in Form von eigenen Bewältigungsstrategien, positiven Emotionen (Vertrauen, Zuversicht, Lebensfreude) und durch die soziale Unterstützung zur Verfügung stehen, sollen aktiviert werden.

3. Die innere Einstellung zur Krankheit, zum eigenen Körper und das subjektive Bewertungssystem sollen so geändert werden, dass eine positive Auseinandersetzung mit der Krankheit möglich und das Selbstwertgefühl des Patienten gestärkt wird.
4. Positive Erfahrungen sollen möglich werden, die den Patienten ermutigen, sich selbst wieder zu trauen. Mit den neuen, bestärkenden Erfahrungen werden alte Verhaltensmuster verändert. Neue neuronale Verschaltungen können sich herausbilden.
5. Eine neue Sinnfindung und Orientierung soll trotz der negativen Erfahrung von Krankheit und eingeschränkter Lebensqualität ermöglicht werden, damit sich dem Patienten neue Landschaften der Lebenserfüllung auftun.[65]

Ziel der Psychoonkologie ist es, der durch die Erkrankung hervorgerufenen Verunsicherung entgegenzuwirken. Durch die therapeutische Arbeit sollen Verarbeitungsprozesse angestoßen werden, sodass Patienten ihre belastenden Erfahrungen in die eigene Biografie einordnen können und Neuorientierung möglich ist.
Seelsorgerliche Arbeit kann einen Beitrag dazu leisten, das Selbstwertgefühl und die innere Ausgeglichenheit und Stabilität zu stärken. Sie weiß um Kraftquellen, die ermutigen und trösten. Sie kann auch helfen bei der Suche nach Sinn und Bedeutung der eingetretenen Situation für das eigene Leben. Onkologische Patienten sind besonders aufgeschlossen für Fragen nach dem, was dem Leben Sinn und Halt gibt. Als Seelsorger kann ich Patienten in diesem Prozess der Auseinandersetzung spirituell begleiten.

4.9. Transpersonale Psychologie und Psychotherapie

Die Transpersonale Psychologie hat sich in den 1960 Jahren in den USA aus unterschiedlichen humanpsychologischen Ansätzen herausgebildet. Einer der Begründer war der amerikanische Psychologe Abraham Maslow, bekannt durch die von ihm entwickelte Bedürfnispyramide. Mit diesem Fünf-Stufen-Modell versuchte Maslow die Motivation und die existenziellen Bedürfnisse des Menschen wie folgt zu beschreiben:[66]
1.Stufe: Die biologischen Grundbedürfnisse wie Essen, Trinken, Schlafen.
2.Stufe: Das Streben nach Sicherheit.
3.Stufe: Das Bedürfnis nach sozialen Zusammenhängen und Integration.
4.Stufe: Das Bedürfnis nach Wertschätzung und Anerkennung.
5.Stufe: Das Streben nach Selbstverwirklichung.

[65] Diegelmann/ Iserman: Ressourcenorientierte Psychoonkologie, S. 73 ff.
[66] Ohm: Lachen, lieben, länger leben. S.76f

Damit widersprach er der Auffassung der Psychoanalyse, die geneigt war, die menschliche Motivation auf Triebhaftigkeit und Reflexe zu reduzieren. In seinen letzten Lebensjahren ergänzte er sein Modell um eine weitere Stufe: Das Streben nach Transzendenz. Diese beschreibt das Bedürfnis, über sich hinaus zu denken, zu glauben, zu hoffen, zu beten.

Mit der Transpersonalen Psychologie ist eine neue wissenschaftliche Disziplin entstanden, die sich mit Phänomenen befasst, die den alltäglichen Erfahrungshorizont übersteigen, die oftmals mit einer Bewusstseinserweiterung einer Person einhergehen. Im Mittelpunkt des Interesses stehen Spiritualität und Transzendenzerfahrungen des Menschen, spirituelle Praktiken wie Meditation und Kontemplation, aber auch Phänomene wie Ekstase, Trance, Hypnose.[67] So interessierte sich Maslow für so genannte „Gipfelerlebnisse", die z.B. Bergsteiger kennen, wenn sie nach wagehalsiger und Kräfte raubender Kletterpartie auf der Höhe des Bergmassivs in einen ekstatischen Zustand geraten. Diesen Begriff führte er in die Psychologie ein zur Bezeichnung von besonderen Augenblicken, die als wunderbar und überwältigend empfunden werden. Er befragte 190 Probanten nach solchen Gipfelerlebnissen. Die Befragungen ergaben, dass die glücklichen Momente mit transzendenten, über alle bisherigen Erfahrungen herausragende Emotionen verbunden waren.[68] Damit war für Maslow bewiesen, dass transzendente Bewusstseinszustände nicht als abnorme Erscheinung oder gar psychische Störung angesehen werden können.
Im deutschsprachigen Raum war es C. G. Jung, der sich gegen die Pathologisierung des Religiösen stellte und sich auch mit spirituellen Erfahrungen auseinandersetzte. Er beschäftigte sich mit den Urformen transzendenten Denkens, untersuchte z.B. tibetische Mandalas und taoistische Schriften und Meditationspraktiken. Für Jung gehört ein spirituelles Bewusstsein zum Zentrum der menschlichen Persönlichkeit.[69]
In der transpersonalen Psychotherapie findet nun diese spirituelle Dimension des Menschen Beachtung, der z.B. in verhaltenstherapeutischen Verfahren wenig Bedeutung zugemessen wird. Sie versteht sich als ganzheitlicher Ansatz und geht davon aus, dass Körper, Geist und Seele aufs Engste verknüpft sind und einander beeinflussen. Aus dem ganzheitlichen Erfahrungshorizont erschließen sich Kräfte, die therapeutisch nutzbar gemacht werden können und auch eine gesundheitsfördernde Wirkung haben. So werden Meditation, Atemübungen, Techniken der Versenkung und der Bewusstseinserweiterung in die Therapie integriert.

---

[67] Walch: Dimensionen der Seele. S. 12ff
[68] Monbourquette: Psychologie und Spiritualität. S. 143
[69] Ebd. S. 120

Dabei spielen allerdings religiöse Inhalte und die ursprünglichen religionsgeschichtlichen Zusammenhänge eine ganz untergeordnete Rolle. Es geht um die therapeutische Wirksamkeit. Da auch Methoden angewandt werden, die wissenschaftlich nicht gesichert sind, ist die Transpersonale Therapie umstritten.

Für die Seelsorge ist die Transpersonale Psychotherapie insofern interessant, da sie auch aus dem spirituellen Erfahrungsschatz der christlichen Mystik und Kontemplation schöpft. Während in der Seelsorge oft nur verhalten auf diese Traditionen und Praktiken zurückgegriffen wird, bedient sich die Transpersonale Psychotherapie ziemlich unvoreingenommen traditioneller und ganzheitlicher Konzepte mit dem Erfolg, dass dadurch Heilungsprozesse unterstützt werden können.
Unsere seelsorgerliche Arbeit könnte durch die Aufnahme und Aufarbeitung alter spiritueller Praktiken bereichert werden.

5. Anregungen zu einer ressourcenorientierten Seelsorge

5.1. Grundzüge einer ressourcenorientierte Seelsorge

5.1.1. Seelsorge steht in der Tradition heilenden Handelns

Seelsorge ist im gewissen Sinn eine Übersetzung der biblischen Botschaft in eine Sprache, die jeder Mensch versteht, in die Sprache der Zuwendung, der Wertschätzung und der Ermutigung. Jesus hat diese Sprache gesprochen in Worten, Zeichen und Gesten. Er war unterwegs, Menschen aufzurichten, ihnen die Augen zu öffnen, ihr Vertrauen zu würdigen, ihre Schritte zu festigen, sie aufatmen zu lassen. Im Neuen Testament wird sehr farbenfroh beschrieben, wie die Begegnungen mit Jesus oder mit dem auferstandenen Christus heilsame Wandlungsprozesse in Gang gesetzt haben. Dabei wird immer wieder deutlich, dass Jesus die Stärken der Menschen im Blick hatte. („Dein Glaube hat dir geholfen." „Nimm dein Bett und gehe."). Seine Absicht war es, Menschen im umfassenden Sinn Heil erfahren zu lassen. Kranke wurden gesund, nachdem z.B. belastende Schuldgefühle entkräftet wurden und ihre Seele ins Gleichgewicht kam („Dir sind deine Sünden vergeben.").
In der frühen Kirche sollte fortgesetzt werden, was Jesus begonnen hatte. Apostel wussten sich beauftragt, Menschen zu heilen. Sie taten dies durch bestärkenden Zuspruch, durch Gebete und Gesten des Segnens. Laut Markusevangelium sollten die Nachfolger Jesu u. a. daran zu erkennen sein, dass sie Kranken die Hände auflegen und ihnen mit dieser „Behandlung" Besserung verschaffen.
Die frühchristlichen Einsiedlermönche waren Therapeuten, Berater und Seelsorger. In den Klöstern wurde dieser ganzheitliche Ansatz von Heil und Heilung bewahrt. Sie wurden zu Orten, wo Menschen medizinische Behandlung und seelischen Beistand erfahren haben, wo Menschen in ihrer Hinfälligkeit und im Sterben begleitet wurden. Die Berührung mit dem Heiligen durch Worte und Rituale hat Menschen verändert, hat sie zuversichtlicher gemacht. Auf diesem Hintergrund bieten wir heute Seelsorge an.

5.1.2. Ressourcenorientierte Seelsorge fragt nach dem, was intakt und heil ist

Was lässt einen Menschen gesund und heil werden? Das ist die Grundfrage der Salutogenese. Ihre Intention ist es, die gesunden Anteile eines erkrankten Menschen wahrzunehmen und zu stärken, statt nach den Ursachen der Krankheit zu fragen.

Einen Menschen aus dieser anderen Perspektive zu sehen, gehört zu den Grundeinsichten einer ressourcenorientierten Seelsorge. So schaue ich nicht so sehr auf die Defizite, sondern vielmehr auf die Fähigkeiten und Kraftreserven, die einem Menschen zur Verfügung stehen. Kein Mensch ist, sei er auch noch so hinfällig, nur krank. Seine Gesundheit ist nur teilweise eingeschränkt. Er kann vieles tun, was Befriedigung schafft, Freude macht, was seine Lebensqualität erhält. Vielleicht nimmt er trotz Leiderfahrung die schönen Seiten des Lebens bewusster wahr. Er kann etwas durchstehen, Geduld aufbringen, sich trösten, dankbar sein und vielleicht sogar lachen. Diese gesunden Potentiale kann ich unterstützen. Alles, was gut tut, was Halt gibt, was Freude weckt, was hoffen lässt, trägt ja zum Wohlbefinden bei, fördert auch den Genesungsprozess.

5.1.3. Ressourcenorientierte Seelsorge nimmt die Fülle der Ressourcen wahr

Die Erkenntnis, dass jeder Mensch auf solche Kraftquellen zugreifen kann, ist eine Voraussetzung für ressourcenorientierte Arbeit. Die Fülle der Ressourcen ist so etwas wie ein gut bestückter Apothekenschrank, in dem Heilmittel für die unterschiedlichsten Beschwerden vorhanden sind.

Man könnte den Ansatz ressourcenorientierter Seelsorge auf eine Formel bringen:

Innere und äußere Kraftquellen ermöglichen heilvolle Veränderungsprozesse.

Dabei ist gar nicht in erster Linie an spirituelle Ressourcen zu denken. Seelsorge hat ja vor allem auch menschliche Potentiale. Allein die menschliche Zuwendung und Nähe kann ermutigend sein. Dass Menschen aneinander denken, schafft wohltuende Verbundenheit.

Seelsorge kann bewusst machen, wie viel Reichtum in jedem Menschen und in seinem Umfeld vorhanden ist. Das Leben ist voller bestärkender Inspirationen. Wir sind ausgestattet mit der Fähigkeit zu lieben, zu hoffen, zu vertrauen. Wir erfahren Anerkennung und Wertschätzung. Wir spüren in uns Kräfte, die uns aufrichten und befähigen, eigene Wege zu gehen. Wir haben Potentiale in uns, die uns genesen und heil werden lassen, die Körper und Seele stabilisieren. In uns steckt unendlich viel Wissen und Weisheit. Und wir haben auch die Kraft, Gegebenheiten anzunehmen, die wir nicht ändern können. Wir können sogar aus Krisen gestärkt hervorgehen und von scheinbaren Niederlagen profitieren. Dieser Reichtum kann entdeckt, aktiviert und genutzt werden.

5.1.4. Ressourcenorientierte Seelsorge macht bestärkende Angebote

Seelsorge kann etwas weitergeben, was einen Menschen ermutigt und aufrichtet. Sie weiß um Quellen, aus denen Menschen schon in biblischer Zeit Kraft zugeflossen ist. Sie weiß um Rituale aus kirchlicher Tradition. Sie kennt Worte, die die Seele stärken. Wie entlastend können ein Beichtritual und der Zuspruch von Vergebung sein. Wie befreiend kann es sein, miteinander zu singen. Wie schön ist es, wenn der Ton einer Klangschale einer Demenzkranken ein Lächeln aufs Gesicht zaubert. Wie beruhigend kann ein Ruhegebet oder eine Stillemeditation wirken. Wie gut ist die Erfahrung, wenn sich das Gesicht einer Sterbenden entspannt, nachdem ein letzter Segen gesprochen wurde. Ein erweitertes Spektrum an „seelsorgerlichen Instrumenten" erleichtert den Zugang zu einem Menschen. Ich habe mich selbst oft nicht wohl gefühlt, wenn ich als „seelsorgerliches Handwerkszeug" allein den 23.Psalm, das Vaterunser und den Aaronitischen Segen parat hatte. Seelsorge kann richtig Spaß machen, wo sie Raum schafft für Freude, Leichtigkeit und Humor.

Wichtig erscheint mir aber auch, dass diese Angebote auch hilfreich sind für die Bewältigung des Alltags, dass sie angenommen werden können. Jede Herausforderung braucht andere Bewältigungsstrategien. Jede Person bedient sich auch anderer Ressourcen, die sie schließlich als konstruktiv empfindet. Nicht jede möchte spiritueller Kraftquellen in Anspruch nehmen.

In meiner seelsorgerlichen Arbeit hat mir am meisten Mühe gemacht zu erspüren, wie viel Spiritualität ein Mensch braucht, was ihn stärkt und tröstet. Auch gut gemeinter Zuspruch muss nicht immer gut tun. Ein Gebet kann Widerstand hervorrufen. So erzählte mir ein Kollege, dass ein Patient aus dem Zimmer geflohen ist, als er vorgeschlagen hatte, mit ihm zu beten. Guter Zuspruch oder ein wohlgemeintes Bibelzitat kann als Zynismus gedeutet werden. Die zur Segnung erhobene Hand kann bedrohlich erscheinen. Seelsorge soll befreiend wirken, nicht schaden. Sie sollte heben, nicht erniedrigen, entlasten, nicht bedrücken, klären, nicht verwirren. Seelsorgerliche Angebote setzen also eine feinsinnige Einschätzung der Situation und der Bedürfnisse meines Gesprächspartners voraus.

5.1.5. Heilwerden ist mehr als Gesundwerden

„Hauptsache du wirst wieder richtig gesund!" So höre ich oft Menschen sprechen, wenn sie am Krankenbett eines Angehörigen stehen. Das ist auch ein guter und berechtigter Wunsch. Gesundheit hat den höchsten Stellenwert, wenn nach den Vorstellungen von einem erfüllten Leben gefragt wird. Durch die moderne hoch technisierte Medizin ist es heute möglich, Krankheiten und

Traumata zu heilen, die noch vor Jahrzehnten sicher zum Tode geführt hätten. Da aber nicht jede lebenserhaltende Maßnahme sinnvoll zu sein scheint und mitunter auch wenig zum Erhalt der Lebensqualität beiträgt, hat sich eine breite Diskussion um diese medizinethischen Fragen entfacht. Die „Machbarkeitsideologie“, die medizinische Eingriffe rechtfertigt, auch wenn ein Patient davon wenig profitiert, wird zu Recht kritisiert. Andererseits hat sich in unserer Bevölkerung eine Haltung entwickelt, nach der umfassende medizinische Behandlung ganz selbstverständlich erwartet und eingefordert wird, koste sie (den Kassen), was sie wolle. Die Nachfrage nach Gesundheitsleistungen ist in den vergangenen Jahrzehnten beständig gestiegen und damit verbunden auch die Ausgaben für die entsprechenden Leistungen. Der Medizinethiker Daniel Callahan bezeichnet den „Gesundheitswahn“, dem Mediziner und Patienten gleichermaßen verfallen können, als Fortschrittsfalle. Er sieht die Ausrottung von Krankheit als verfehlte und unrealistische Zielvorstellung. Ein realistisches Ziel medizinischer und therapeutischer Maßnahmen sei es, Menschen Erleichterung zu schaffen unter den Bedingungen von Krankheit und Sterben.[70]

Sicher ist auch ein so reduzierter Anspruch an die medizinische Behandlung nicht unproblematisch. Aber vielleicht würde dadurch der Erfolgsdruck gemindert, dem Mediziner sich ausgesetzt fühlen, Leben um jeden Preis zu erhalten bzw. zu verlängern.

Die These Callahans korrespondiert mit der Zielvorstellung einer ressourcenorientierten Seelsorge. Sie hat nicht den Anspruch, Gesundheit zu erwirken. Sie möchte Erleichterung schaffen, möchte Menschen begleiten in Krisensituationen, Krankheit, therapeutischen Prozessen oder auch im Sterben. Auch wenn aus medizinischer Sicht für einen Patienten „nichts mehr getan werden kann“, hat Seelsorge noch viele Möglichkeiten, ihm hilfreich beizustehen. Ihr geht es nicht vordergründig um Heilung, vielmehr darum, einem Menschen zu ermöglichen, dass er sich heil fühlen kann. Seelsorge „sorgt“ sich um das Heil im ganzheitlichen Sinn, um das Heil von Leib und Seele. Da eine medizinische Behandlung oftmals nur das leibliche Wohl im Blick hat, ist Seelsorge besonders herausgefordert, auf die seelischen und spirituellen Bedürfnisse eines Menschen einzugehen. Sie kann seiner innersten Sehnsucht nachgehen. Sie weiß, dass eine Berührung mit dem Heiligen die Seele trösten kann. Sie weiß, dass Gott in allem Leid nahe ist, dass er erfahrenes Unheil in Heil wandeln kann. Nicht indem er das Leid wegnimmt, sondern Kraft schenkt, es zu tragen oder ihm zu widerstehen.

[70] Groß: Rationalisierung im Gesundheitswesen. S. 339

5.1.6. Wie kann ich ressourcenorientiert kommunizieren?

Kommunikation ist das tragende Element jeder Seelsorge. In der Regel ist sie offen, nicht zielgerichtet. Sie orientiert sich an den kommunikativen Bedürfnissen des Gesprächspartners. Als Seelsorger bin ich in der Rolle des einfühlsamen Zuhörers.

Welche Schwerpunkte setzt nun eine ressourcenorientierte Kommunikation? Wie gestalte ich ein seelsorgerliches Gespräch, das ressourcenbezogen ist?

- Ressourcenorientierte Kommunikation ist grundsätzlich wertschätzend. Selbst die kleinsten Schritte einer erfolgreichen Auseinandersetzung mit einer problematischen Situation verdienen eine Würdigung.
- Sie ist auch direktiv, d.h. ich greife in den Gesprächsverlauf ein. Ich stelle Fragen. Ich lenke unter Umständen das Gespräch in eine andere Richtung. Ich kann auch verstören oder provozieren, wenn dadurch der Blick auf die eigenen Möglichkeiten frei wird.
- Sie beginnt am besten mit einer Ja-Haltung, d.h. ich formuliere meine Aussagen so, dass sie von meinem Gesprächspartner bejaht und angenommen werden kann. Oder ich stelle Fragen, die mit Ja beantwortet werden können, z.B. *„Ist es Ihnen recht, wenn ich mir den Stuhl nehme und mich zu Ihnen setze“.* So fühlt sich die Person ernst- und angenommen und kann sich öffnen.
- Sie geschieht auf Augenhöhe. Auch wenn sich die Person, mit der ich im Gespräch bin, „klein“ macht, ich spreche sie immer wieder als erwachsene Person an. Damit vermindert sich die Gefahr, dass ich in die Position des dominanten Helfers und Ratgebers gerate. Und mein Gesprächspartner kann sich „groß“ fühlen.
- Sie nimmt Bezug auf positive Erfahrungen, auf Erreichtes, Gelungenes. Sie zielt auf Ermutigung.
- Sie orientiert auf die Ressourcen, auf die eigenen Kompetenzen und versucht die Handlungsmöglichkeiten des Gesprächspartners zu erweitern.
- Sie unterstützt Denkansätze, die einen neuen, hoffnungsvolleren Blick auf die als krisenhaft empfundene Situation ermöglichen.
- Beispiele für ressourcenorientierte Fragen und Interventionen:
  Wie haben Sie es ausgehalten, mit dem Verlust zu leben?
  Wie haben Sie es geschafft, mit der schwierigen Situation zurechtzukommen?
  Was würde Ihnen jetzt am meisten helfen?
  Was könnte Ihnen Erleichterung schaffen?
  Wenn das für Sie nicht möglich ist, was könnten Sie stattdessen tun?
  Wer könnte Sie unterstützen?

Welcher Schritt wäre für Sie möglich? Welche Fähigkeiten, die Sie haben, könnten Ihnen dabei hilfreich sein?
Was meinen Sie, wann wäre ein guter Zeitpunkt, einen ersten Schritt zu gehen?
Wie werden Sie sich fühlen, wenn es Ihnen gelingt?
Was würde Ihr Partner/ Ihre Partnerin sagen, wenn Sie die schwierige Situation bewältigen würden?
Welche Möglichkeiten sehen Sie?
Was denken Sie, was jetzt für Sie besser geworden ist?
Ich denke, Sie haben gute Möglichkeiten/ die Kraft, die Situation zu meistern.
Ich bin ganz zuversichtliche, dass Sie das schaffen können.
Ihre Fähigkeit, die Hoffnung nicht aufzugeben/ den Mut nicht zu verlieren/ sich nicht so leicht unterkriegen zu lassen, wird Ihnen dabei helfen.

5.2. Die Dreidimensionalität von Seelsorge

5.2.1. Seelsorge als Raum

In meiner seelsorgerlichen Arbeit war es mir eine Hilfe, eine seelsorgerliche Begegnung „räumlich“ wahrzunehmen. Gemeint ist nicht nur der äußere Raum, in dem Seelsorge geschieht, viel mehr der innere Raum, der sich in einer Begegnung erschließt. Nehme ich zu einem Menschen Kontakt auf, öffnet sich eine Tür und ich betrete einen neuen, mir unbekannten Raum. Zunächst bekomme ich nur einen sehr begrenzten Einblick. Aber ich kann schon ahnen und staunen, wie groß die Fülle ist, die der Raum birgt.
Ich betrete als Fremder diesen Raum der Begegnung, und doch ist mir manches vertraut. Ich kenne aus eigenem Erleben Angst, Unsicherheit, Belastendes, auch Sehnsucht und Hoffnung. Es entsteht eine Vertrautheit, die es mir möglich macht, mich einzufühlen, solidarisch zu sein. Dabei frage ich mich: Wie erlebe ich den Raum, weit oder eher bedrückend, hell oder eher duster.
Ich *stehe* in diesem Raum, bewege mich nicht, schon gar nicht wie der Elefant im Porzellanladen. Vielleicht gelingt es mir, den Standpunkt und die Blickrichtung des Anderen einzunehmen. Dann wird *Ver-stehen* möglich.
Erst nach und nach komme ich in Bewegung. Ich lasse mich führen, gehe die Schritte mit, die mir in der Begleitung angemessen werden. Die Perspektiven ändern sich.
Beim Durchschreiten des Begegnungsraumes kann es nun sein, dass ich mehr wahrnehme, als es meinem Gegenüber gegenwärtig möglich ist, die Stärken

oder etwas, was ich als tröstlich empfinde. Das lässt sich benennen. Aber es bleibt meine eigene Wahrnehmung.
Vielleicht bekomme ich auch Einblick in tiefere Schichten der Persönlichkeit, spüre, dass Verborgenes belastet und bedrückt, spüre eine tiefe Sehnsucht. Ich erfahre auch etwas von den Wünschen, Hoffnungen und Plänen. Jeder Raum hat auch ein „Fenster", das den Blick frei gibt für Zukünftiges, für erhoffte Veränderung.
Ich kann auch etwas hineinsprechen in diesen Raum. Hier ist aber besondere Aufmerksamkeit gefragt: Wie höre ich selbst meine Worte? Aus welcher Position spreche ich sie? Wie kommen sie an? Wo kommt etwas zum Schwingen? Was kommt zurück?
Am Ende der Begegnung verlasse ich den Raum. Ich gehe bewusst den Weg zurück, bin wieder bei mir. Eindrücke bleiben. Sie beschäftigen mich noch. Aber auch ich habe Eindrücke hinterlassen. Vielleicht hat es dem Menschen gut getan, sich zu öffnen, jemanden an seiner Seite zu wissen, der für Momente seine Blickrichtung teilt. Wenn es so ist, hat sich in der Begegnung schon viel getan.

5.2.2. Die drei Dimensionen der seelsorgerlichen Arbeit

Wenn ich mir die Begegnung mit einem Menschen als Raum vorstelle, eröffnen sich mir verschiedene Perspektiven und Möglichkeiten, seelsorgerlich zu arbeiten. Ingo Neuman hat aus dieser mehrdimensionalen Wahrnehmung drei Arbeitsrichtungen für die Seelsorge formuliert:

1. Der Weg in die existentielle Tiefe,
2. Der Weg in die biografische Weite,
3. Der Weg in die Zukunft.[71]

Dieses Modell möchte ich etwas abwandeln für ressourcenorientiertes Arbeiten in der Seelsorge und um einen ersten Schritt erweitern:

1. Gegenwärtig sein:
   Ich komme in Kontakt, nehme das Anliegen wahr, bin mit meiner Aufmerksamkeit bei dem Menschen.

2. Der Weg in die Tiefe:
   Ich spüre der tiefen Sehnsucht eines Menschen nach und begebe mich auf Suche nach den inneren Schätzen und Kraftquellen, nach dem, was das Leben trägt, was Halt gibt.

[71] Neumann: Die drei Arbeitsrichtungen der Seelsorge. S. 11

3. Der Weg in die Lebenssituation:
   Ich habe die Situation des Menschen im Blick, sein Beziehungssystem, seine Kontakte. Ich frage, was er braucht, was ihm gut tut, was in ihm zum Schwingen kommt, wenn ich mit ihm in Kontakt bin. Ich suche mit ihm nach Deutungen seiner gegenwärtigen Situation, versuche Tröstliches zu finden.

4. Der Blick in die Zukunft:
   Ich frage nach den Hoffnungen, Visionen. Wohin möchte mein Gegenüber? Was sind seine Ziele und Perspektiven? Was möchte der Mensch, mit dem ich in Kontakt bin, erreichen? Was möchte er ändern, zurücklassen, ablegen? Was braucht er für hoffnungsvolle Veränderung? Wo ist Ermutigung gefragt?

Die einzelnen Schritte können sich miteinander vermischen, das heißt, dass ich von Anfang an auch die besondere Lebenssituation vor Augen habe.

6. Arbeitsschritte einer ressourcenorientierten Seelsorge

6.1. Gegenwärtig sein

6.1.1. Kontakt aufnehmen

Jedes seelsorgerliche Gespräch beginnt mit der Kontaktaufnahme. Um Vertrauen zu ermöglichen, stelle ich mich vor, sage etwas über meine Arbeit und meine Absicht, um in Kontakt und ins Gespräch zu kommen. Das klingt banal und versteht sich von selbst. Wo aber eine Vorstellung ausbleibt, kommt es leicht zu Irritationen, die zu solchen Fragen führen: „Wer sind Sie denn überhaupt? Was wollen Sie? Was tun Sie hier?" Mit der Kontaktaufnahme konstituiert sich die Gesprächsatmosphäre. So ist es gut, wenn gleich zu Beginn des Gesprächs Aufgeschlossenheit (eine so genannte Ja-Haltung) entsteht und sich Vertrauen aufbauen kann.
Aus den ersten Worten meines Gesprächspartners lässt sich in der Regel erschließen, was ihn im Moment bewegt, was der Inhalt des Gesprächs sein soll. Manchmal werden zunächst auch Belanglosigkeiten thematisiert: Das Wetter oder die Tagespolitik. Manchmal werden die Erfahrungen mit Kirche zur Sprache gebracht. Aber meistens wird nach einer „Erwärmungsphase" deutlich, was mein Gesprächspartner von mir möchte: Ein wenig Unterhaltung, Small Talk, Abwechslung, Aufmerksamkeit oder ein Gespräch über seine Situation, die von Sorgen, Angst, Ratlosigkeit, Traurigkeit, Ärger überschattet ist. Für mich als Seelsorger ist es wichtig, mich mit ihm darüber zu verständigen, was er sich von dem Gespräch erwartet. Ich kann diesbezüglich auch initiativ werden und fragen: *„Worüber würden Sie jetzt gern mit mir sprechen?" „Wäre das für Sie in Ordnung, dass Sie erst einmal in aller Ruhe reden und ich höre einfach zu? Und dann schauen wir gemeinsam, was wir weiter tun." „Möchten Sie erst einmal beschreiben, was Sie bewegt, wie Ihnen zumute ist?"* Es kann auch hilfreich und entlastend sein, wenn ich Alternativen anbiete: *„Was wäre jetzt gut für Sie, dass Sie erst einmal alles erzählen oder dass wir gemeinsam überlegen, welches Anliegen im Vordergrund steht?"* Aus der Klärung dieser Fragen ergibt sich dann auch eine Beauftragung für meine seelsorgerliche Arbeit mit dem Menschen, mit dem ich in Kontakt gekommen bin.
Schwieriger ist die Kontaktaufnahme, wenn mein Gegenüber nicht in der Lage ist, sich zu artikulieren (Schlaganfallpatienten, an Demenz erkrankte Menschen). Kontakt kommt aber schon durch meine Anwesenheit zustande. Ich versuche dann zu ergründen, ob und wie Verständigung möglich ist, durch Schreiben auf ein großes Blatt Papier, durch Fragen, auf die mit Ja oder Nein geantwortet werden kann, durch Gesten, durch Berührung.

6.1.2. *Aufmerksamkeit und Einfühlung*

Ein Zen-Meister wurde von einem wissbegierigen Mann gebeten, ihm seine wichtigsten Einsichten und Weisheiten aufzuschreiben. Der Meister nahm einen Pinsel und schrieb: Aufmerksamkeit. Der Mann war enttäuscht, hatte er doch ganz tiefgehende Antworten erwartet. Deshalb bat er ihn erneut aufzuschreiben, was ihm hilft, sein Leben zu bestehen. Der Meister schrieb erneut: Aufmerksamkeit. Der Fragende wurde ärgerlich, wollte wissen, was er meine, was Aufmerksamkeit bedeute. Da schrieb der Meister ein weiteres Mal auf seinen Zettel: Aufmerksamkeit[72].
Mit dem Wort Aufmerksamkeit fasst der Zen-Meister seine ganze Weisheit zusammen. Was bedeutet es, aufmerksam zu sein?
Nach buddhistischer Tradition ist es eine bewusste Offenheit z.B. für ein Gegenüber, für einen Menschen. Es ist eine Wahrnehmung mit allen Sinnen, die nicht wertet, die sich nicht einfärben lässt von vorgefassten Meinungen und Beurteilungen. Und es ist eine Wahrnehmung, die ganz auf die Gegenwart, auf den Augenblick bezogen ist.
Oft wird auch von Achtsamkeit gesprochen. Achtsamkeit ist noch mehr als eine aufmerksame Beobachtung und Wahrnehmung. Sie beinhaltet auch Empathie, also ein emotionales Aufgeschlossensein, eine wertschätzende Haltung.

Achtsamkeit in der seelsorgerlichen Begegnung bedeutet:

- Ich bin jetzt ganz da, ganz in der Gegenwart, ganz konzentriert auf die Begegnung. Was mich vorher beschäftigt hat, spielt jetzt keine Rolle mehr. Die Zeit, die ich mir genommen habe, kann ich jetzt teilen.
- Ich nehme den Menschen wahr, wie er mir gerade begegnet:
  Ich nehme seine Körperhaltung wahr, beim Liegen, Sitzen, Laufen oder Stehen. Sind seine Schritte fest? Kann er aufrecht gehen und stehen, oder gebeugt, bedrückt? Wirkt er selbstsicher oder unsicher?
  Ich achte auf die Haltung seiner Schultern, die Kopfhaltung, die Gesichtszüge, die Augen, die Hände, die Bewegungen und Gesten.
  Ich höre seine Stimme. Klingt sie frei, unbeschwert oder niedergeschlagen, traurig und verhalten? Wie ist die Stimmlage, die Intensität der Stimme?
  Ich achte besonders darauf, wie das Gespräch beginnt. Oft wird das zu allererst benannt, was am meisten auf der Seele brennt.
  Meine Aufmerksamkeit ist nun auf das gerichtet, was mir mein Gegenüber anvertraut. Ich achte auf das emotionale Gewicht der Worte. Wo fällt es ihm schwer, etwas in Worte zu fassen?

[72] Sölle: Den Rhythmus des Lebens spüren. S. 17

Was wird locker, leicht oder fröhlich erzählt? Wann strahlen seine Augen, wann trübt sich eher der Blick ein.
Welches Thema kommt immer wieder vor, welche Worte häufen sich?

- Ich versuche mich einzufühlen in die besondere Situation meines Gegenübers. Ich versuche manches aus seiner Perspektive zu sehen. Ich bin ganz bewusst offen für die Begegnung, für den Menschen, ohne zu werten, ohne zu deuten, ohne zu urteilen.

Achtsamkeit ist das, was ich einbringe in ein Gespräch. Mein Gegenüber gibt mir ein unvergleichlich wertvolleres Geschenk, sein Vertrauen. Beides zusammengenommen kann dem Gespräch Tiefe geben. Tiefgründigkeit ist eine Voraussetzung dafür, die Ressourcen zu entdecken, sie zu fördern.

6.2. Der Weg in die Tiefe

6.2.1 Der Sehnsucht nachspüren

Dem Wort Sehnsucht wird oft das Attribut „tief" vorangestellt. Sehnsucht scheint in tieferen Schichten des Bewusstseins verortet zu sein.
Sie ist wie ein Schlüsselloch, das Einblick gibt ins Innerste eines Menschen. Sie macht verstehbar, was einen Menschen im Innersten bewegt, was er erhofft, was er sich wünscht. Sehnsucht ist sehr individuell und sehr intim.
Sehnsuchtsforscher haben versucht, die Struktur der Sehnsucht zu ergründen. Sechs Merkmale kennzeichnen die Sehnsucht:

- Sehnsucht geht mit einem Gefühl der Unvollständigkeit des Lebens einher.
- Sie drückt sich oft in symbolhaften Vorstellungen und Formulierungen aus (Lichtblick, grüner Zweig, Aufatmen).
- Sie beinhaltet oft idealisierte, utopische Vorstellungen.
- Sie bewegt sich in einer Dreizeitendimension, d.h. sie macht sich an Erinnerungen an vergangene Zeiten fest, bezieht sich zugleich auf die gegenwärtige Situation und die Zukunft.
- Sie beinhaltet ambivalente Gefühle, Schmerz und Zuversicht, bitter und süß.
- Sie ist mit Reflexion und Bilanzierung des eigenen Lebens verbunden.[73]

[73] Baltes: Entwurf einer Lebensspannenpsychologie der Sehnsucht. S. 79ff

Darüber hinaus gibt es viele *Ausdrucksformen der Sehnsucht:*

- Manchmal ist sie ganz in Klage gehüllt, zeigt sich als Gefühl von Schmerz, Unzufriedenheit, Überdruss.
- Manchmal wird sie nur hörbar in einem Stöhnen, im tiefen Ausatmen.
- Oft wird sie artikuliert in Wenn-Sätzen: „Ach wenn ich doch wenigstens bald wieder zu Hause sein könnte!“
- Manchmal spielen Bilder eine Rolle, in denen sich die Sehnsucht abbildet.
- Manchmal hat die Sehnsucht eine spirituelle Komponente: „Ach, wenn Gott mir wieder Kraft geben würde.“
- Manchmal artikuliert sie sich auch als Todessehnsucht: „Ach, wenn ich doch am nächsten Morgen einfach nicht mehr aufwachen würde.“

Für die Seelsorge erscheint mir wichtig, zunächst dieses Gefühl der Unvollständigkeit wahrzunehmen. Es ist ein Gefühl, das ich selber kenne. Ich kenne auch den Schmerz, der damit verbunden sein kann. Das schafft Empathie und Verbundenheit.

Sehnsucht ist eine Art Selbstoffenbarung. Ein Mensch zeigt sich von seiner verletzbaren Seite. Er zeigt seine Hilflosigkeit angesichts niederdrückender Erfahrungen, seine Ohnmacht. Dazu gehören Mut und Vertrauen. Die Sehnsucht weist damit schon auf Potentiale hin, auf den Mut, sich den Widrigkeiten zu stellen oder sogar entgegenzustellen. So wird die Sehnsucht zu einer Kraftquelle, zu einer Basis für Entwicklung und Veränderung.

Ich spüre als Seelsorger den Willen und die Kraft, sich mit der belastenden Situation auseinanderzusetzen. Das kann ich zur Sprache bringen und würdigen:

„Ich höre aus Ihren Worten eine tiefe Sehnsucht und spüre, dass eine große Kraft in ihr steckt.“ „Mich beeindruckt, dass Sie so voller Sehnsucht sind. Das macht Sie stark.“

Die Sehnsucht zeigt, in welche Richtung sich ein Mensch bewegen möchte. Ich möchte dazu ermutigen, der eigenen Sehnsucht nachzuspüren. Ich kann anregen und fragen: *„Die Sehnsucht ist eine große innere Kraft. Sie zeigt Wege zu guter Veränderung. Welche Schritte könnten sich daraus ergeben? Welcher erste Schritt wäre Ihnen möglich? Wer oder was könnte Ihnen dabei helfen?“*

6.2.2. Schatzsuche

Uns steht eine Vielzahl von Potentialen zur Verfügung, die uns helfen, mit schwierigen Lebensumständen fertig zu werden. Oft ist uns gar nicht bewusst, was alles in uns steckt. Im Rückblick kann man oft staunen: Wie ich das geschafft habe?!
Als Seelsorger bin ich bemüht, den großen individuellen Reichtum wahrzunehmen.

- *Schatzsuche beginnt mit der Wertschätzung.*

Gerade wenn ich schwer erkrankten Patienten begegnet bin, war ich erstaunt, mit welcher Geduld die Krankheit ertragen wurde.
Sie wurden mit einer schweren Diagnose konfrontiert, mussten unangenehme Untersuchungen über sich ergehen lassen, mussten Schmerzen aushalten, haben aber ihren Mut nicht verloren.
Mir ist es wichtig, das zu würdigen: *„Wie haben Sie das alles ausgehalten?"* Oder ich frage: *„Was gibt Ihnen die Kraft, sich nicht unterkriegen zu lassen?"* Viele Patienten wundern sich, dass sie so gefragt werden. Sie konnten bisher nur die Defizite wahrnehmen, die die Krankheit verursacht hat. Oft hatten sie nur das Gefühl, ihre Krankheit mit verschuldet zu haben. In der Wertschätzung spüren sie wieder die eigene Kraft.
Es ist wirklich unendlich wertvoll, den Mut nicht zu verlieren. Es ist eine Lebenskunst, sich an unangenehme Situationen anpassen zu können, sich kreativ und flexibel mit extremen Herausforderungen auseinanderzusetzen. Es ist ein Gewinn, den Humor zu behalten, lachen zu können, wenn es zum Heulen ist. Es ist ein Reichtum, Vertrauen zu haben, dankbar sein zu können.

- *Schatzsuche ist auch Biografiearbeit.*

Wenn ich solchen Reichtümern nachspüre, werde ich fündig in den biografischen Erinnerungen. Jede Biografie ist eine Art Schatzkammer, ein Fundus an Erfahrungen, wie das Leben aller Widrigkeiten zum Trotz gemeistert werden konnte. Vielen Menschen tut es einfach gut, wenn sie erzählen können. Da wird die Vergangenheit lebendig. Solange dabei nicht die negativen Erinnerungen dominieren, gibt es für mich keinen Grund, den Erzählfluss zu bremsen.
Von alt gewordenen Menschen höre ich oft, wie schwierig ihr Leben verlaufen ist, wie entbehrungsreich es war. Sie haben in Kriegszeiten Bombennächte durchlebt. Sie mussten ihre Heimat verlassen, alles zurücklassen, was ihnen lieb, wertvoll und vertraut gewesen ist. Sie haben gehungert, gefroren. Sie haben den Verlust von Angehörigen hinnehmen müssen. Sie haben für einen Hungerlohn schwere Arbeit geleistet. Aber sie

haben alles durchgestanden. Und sie können im Rückblick dankbar und zufrieden sein.
Eine alte Dame erzählte mir, wie sie mit 17 Jahren in Kriegsgefangenschaft geraten war. Sie erzählte von dem Schmerz, den sie spürte, als sie mehrere Tausend Kilometer von der Familie entfernt Weihnachten feierte. Aber sie und andere Mädchen haben sich zusammengetan, haben an einem kleinen Fichtenzweig Papierkügelchen aufgehängt. Sie haben sich kleine Geschenke gemacht. Und sie haben Weihnachtslieder gesungen. Für Momente war der Schmerz verwandelt in ein Gefühl, doch nicht von allem Guten verlassen zu sein.
Das sind Potentiale, die in uns stecken.
Nicht immer sind sie gegenwärtig, nicht immer greifbar. In der Erinnerung werden sie aber oft wieder bewusst.

- *Schatzsuche bedeutet gute Erinnerung wecken.*

Unser Gehirn besitzt die Fähigkeit, unseren Erfahrungen unterschiedliches Gewicht zu geben. Erfahrungen, die mit einem guten Gefühl verbunden waren, Erfolge und beglückende Erlebnisse werden in der Regel fester im Gedächtnis verankert als Misslungenes. Das führt mitunter dazu, dass sich die Vergangenheit verklärt. Die gute Erinnerung stärkt aber das Selbstwertgefühl und das Vertrauen, selbstwirksam und handlungsfähig zu sein. Das sind Resilienzfaktoren, die einen Menschen widerstandfähiger machen.
Fragen, die gute Erinnerung wecken:
„Was hat Ihnen in zurückliegenden Zeiten geholfen, mit Schwierigkeiten fertig zu werden?“ „Kennen Sie das, dass Sie eine Krise bewältigt haben, dass Sie vielleicht sogar gestärkt aus ihr hervorgegangen sind?“

- *Schatzsuche im Umfeld*

Nicht immer reichen die inneren Kräfte aus, um Probleme oder Krisen zu bewältigen. Was sind eigentlich Probleme? Im systemischen Denken geht man davon aus, dass es sie genau genommen gar nicht gibt. Was ich rein subjektiv als problematisch empfinde, ist für einen anderen Menschen vielleicht nur eine besondere Herausforderung. Es liegt in meiner Betrachtungsweise, ob ich eine Situation als schwierig, aussichtslos oder gar unüberwindbar empfinde. Eine Problemlösung kann sich demnach aus dem Umfeld erschließen. Wenn andere meine Situation als weniger schwierig empfinden, kann ich von ihnen partizipieren, kann ich mich in ihre Betrachtungsperspektive versetzen, sie mir zu Eigen machen. Im Gespräch mit nahen Menschen ergeben sich Argumente, die der Hoffnungslosigkeit entgegen gesetzt werden können, die stützen und stärken.

Als Seelsorger kann ich versuchen, den Blick für die stützenden Sozialstrukturen zu weiten. *„Wer ist denn jetzt in Ihrer Situation für Sie da." „Gibt es jemanden, mit dem Sie reden können, von dem Sie sich richtig verstanden fühlen?" „Gibt es jemanden, der Ihnen Halt geben könnte?" „Wie sieht denn Ihr Partner Ihre Situation?" „Was könnte ich/ eine Ihnen nahe stehende Person tun, dass es Ihnen leichter wird?" „Was würde Ihre Familie sagen, wenn Sie die Krise gut und aufrecht durchstehen?"*

- *Kraftquellen müssen ent-deckt werden.*

Ich bin immer wieder Menschen begegnet, die sich ihrer Potentiale nicht bewusst waren. Sie kannten aus eigenem Erleben nicht die Kraft, trotz beunruhigender Diagnose ruhig und gelassen bleiben zu können. Sie ahnten nicht, wie bestärkend der Rückhalt durch Familie und Freunde für sie ist. Sie wussten nicht, dass sie beten und sich einem Höheren anvertrauen können, dass sie sich trösten können. Sie wundern sich über sich selbst, dass sie noch fröhlich sein können.
Manchmal ist es hilfreich, nach den Ressourcen zu fragen:
„Was würde Ihnen jetzt helfen, dass es nicht so weh tut, hier im Krankenhaus sein zu müssen?" „Gibt es etwas, was Sie der Angst entgegensetzen können?" „Was würde es Ihnen leichter machen, mit den Schwierigkeiten fertig zu werden?"
Wenn die eigenen Ressourcen bewusst werden, stehen sie bei der Auseinandersetzung mit Problemsituationen zur Verfügung. Daraus ergibt sich ein größeres Repertoire an Handlungsmöglichkeiten. Die Aktivierung der Kraftquelle reduziert Hilflosigkeit und Verzweiflung. Die Erfahrung, Herausforderungen besser zu bestehen, ist dann wiederum ein bestärkender Faktor. Dadurch kommen Prozesse in Gang, die stabilisierend und heilsam sind.

6.3. Der Weg in die Lebenssituation

6.3.1 Erkunden, was der Seele gut tut

Bei der Suche nach den Kraftquellen kommt auch viel Negatives zum Vorschein. Nicht nur angenehme Ereignisse werden erinnert, auch Verletzungen, Demütigungen, Erfahrungen von Gewalt, Ausgeliefertsein, Angst, Scham, Hilflosigkeit. Solche Erfahrungen haben sich oft ganz tief ins Gedächtnis eingegraben. In der Erinnerung können sie wieder lebendig werden. Das bedeutet, dass die negativen Gefühle und Bilder plötzlich ganz präsent sind und erneut Schmerz bereiten. Dadurch wird die negative Gedankenspirale in Bewegung gesetzt, die die Stimmung nach unter zieht.

Was kann ich als Seelsorger tun, wenn schlimme Ereignisse erinnert werden und die negativen Gefühle die Oberhand gewinnen?
Kerstin Lammer, Professorin für Postoralpsychologie, empfiehlt eine „seelsorgerliche Diagnostik“[74], die Symptome einer möglichen Traumatisierung einzuordnen weiß. Sie rät der Seelsorgerin und dem Seelsorger:
„Beobachten Sie bei Menschen, die Ihnen Belastendes erzählen, den Körper. Wann immer jemand die besprochene Symptomatik zeigt: Er wird blass, die Pupillen erweitern sich, die Hände zittern – Vorsicht... Auf Grund der intrusiven Wirkung eines Traumas ist es in der akuten Phase einer Traumatisierung nicht angezeigt, unkontrolliertes Erinnern und Erzählen zu fördern... Das traumatische Erleben soll nicht reaktiviert werden, weil die erneute Reiz- und Angstüberflutung die Traumatisierung vertieft.“[75]
Dies gilt gleichermaßen für eine „verschleppte“ Traumaerkrankung. Sie kann sich noch nach Jahrzehnten auswirken, wenn sich auch die körperlichen Symptome nicht so deutlich zeigen. Wer kann davon betroffen sein? Die Generation, die Krieg und Vertreibung miterlebt hat, Menschen, die lebensbedrohlich erkrankt sind, Menschen, die einen schweren Unfall erlebt oder Gewalt erfahren haben.
Hier kann es ganz wichtig sein, eine Zäsur zu setzen; z.B. könnte ich sagen: *„Ich denke, es tut Ihnen nicht gut, an die schrecklichen Erlebnisse zu denken. Viel lieber möchte ich mit Ihnen darüber reden, woran Sie sich gern erinnern.“*
Eine therapeutische Intervention würde nahe legen, die negative Erinnerung einfach in einen imaginären „Tresor“ wegzuschließen oder sie „vom inneren Bildschirm“ wegzuklicken. Oder es wird ein Impuls gegeben, sich zu vergegenwärtigen: „*Sie sind jetzt hier an einem sicheren Ort*.“ Damit greife ich in den Gesprächsverlauf ein und lenke ihn in eine andere, positivere Richtung. Reden lassen, Erlebtes erzählen lassen, dem Ausdruck von Gefühlen Raum geben, all das, was sonst einem seelsorgerlichen Gespräch Tiefe verleiht, wäre also hier der falsche Ansatz.
Entscheidend ist, was einem Menschen gut tut, was ihn stabilisiert, was ihn die eigenen Möglichkeiten entdecken und seine innere Kraft spüren lässt.
Was tut einem Menschen gut?
Menschen erleben es als Wertschätzung, wenn ich als Seelsorger auf sie zu gehe, mich nach dem Befinden erkundige, mir Zeit für sie nehme, zuhöre.
Es tut Menschen gut, wenn ich Verständnis habe.
Es tut gut, wenn offen geredet werden kann.
Es tut gut, wenn beglückende Erfahrungen zur Sprache kommen.
Es tut Menschen gut, wenn sie Zuspruch erfahren und Trost finden.

[74] Lammer, Kerstin: Kalter Schweiß…Deutsches Pfarrerblatt 4/2009. S. 182f
[75] Ebd.

Es tut gut, wenn sie Entlastung spüren, sich versöhnen können und inneren Frieden finden.
Es kann gut tun, per Gedankenflug die bedrückende Situation zu verlassen.
Oft lässt es sich im Gespräch erahnen, was als wohltuend empfunden wird.
Manchmal frage ich auch:
„Was würde Ihnen jetzt (in der besonderen Situation) gut tun?" „Was müsste geschehen, dass Sie sich besser fühlen?" „Was könnte Ihnen den Aufenthalt im Krankenhaus erträglicher machen?" „Was würden Sie gerne tun, wenn Sie ganz frei entscheiden und alles Belastende hinter sich lassen könnten?"
Seelsorge kann auch Angebote machen: *„Würde es Ihnen gut tun, wenn ich ein Gebet spreche/ wenn ich einen Psalm lese?" „Wäre es gut für Sie, wenn ich einen Segen spreche/ Sie segne?" „Möchten Sie, dass ich noch einige Minuten bei Ihnen bleibe und wir einfach miteinander schweigen?" „Wenn Sie möchten, würde ich etwas vorlesen, wo wir mit unseren Gedanken, mit unserer Fantasie auf Reisen gehen? Ich kann mir vorstellen, dass es Ihnen gut tut."*
Bei allen „Angeboten", die ich mache, ist mir wichtig, dass sie auch passend sind, dass sie gewollt (nicht erduldet) werden und dass es zu einer inneren Resonanz kommt.

6.3.2. Resonanz herstellen

Seelsorgerlicher Begleitung bedeutet, eine Beziehung zu einem Menschen aufnehmen. Als Seelsorger wende ich mich einem Menschen zu. Er reagiert in irgendeiner Weise darauf. Wir kommunizieren miteinander, mit Worten und Gesten. Wir erfahren von einander. Die sachlichen Informationen sind unterlegt mit Emotionen. Ängste, Verzweiflung, Hoffnungen, Sehnsüchte kommen zur Sprache. Die Worte und auch die körperlichen Ausdrucksformen berühren, bewegen und fordern heraus. Wie bei einem Instrument entsteht durch Bewegung und Berührung eine Resonanz. Bei einem Instrument schwingt dann viel mehr als z.B. nur eine Saite. Der ganze Klangkörper gerät in Schwingung. Tiefe und hohe Töne können entstehen. Ähnliches geschieht auch in einer seelsorgerlichen Begegnung.
Als Seelsorger muss ich mir bewusst machen, dass alles, was ich in die Begegnung einbringe, Resonanz hervorruft.
Auf drei Ebenen wird Resonanz spürbar:

- Auf der Beziehungsebene.
  Wende ich mich einem Menschen zu, fühlt er sich beachtet. Er fühlt: „Ich habe Bedeutung. Ich bin nicht unwichtig. Ich werde wertgeschätzt." Solche Resonanz ist ganz gegenwartsbezogen. Sie tut in diesem Augenblick gut, stabilisiert den eigenen Selbstwert.

- Auf der Ebene sozialer Verbundenheit.
  Meine Zuwendung ruft Erinnerungen wach. Erinnerungen, die mit meiner Funktion als „Vertreter der Kirche“ verbunden sind, Erinnerungen an die Mutter, die am Kinderbett gebetet hat, an den Großvater, der viel in der Bibel gelesen hat, an Kirchenbesuche, an die eigene Konfirmation, an Predigten, an Pfarrerbesuche zu Hause. Die Erinnerungen sind oft verknüpft mit einem Gefühl innerer Verbundenheit. Die Familie ist im Blick, Kinder, Enkelkinder, Nachbarn, die Kirchegemeinde, Menschen, die für die Betroffene oder den Betroffenen beten. Die Gewissheit, nicht allein zu sein, nicht vergessen zu werden, umsorgt zu sein, gibt einem Menschen viel Kraft.

- Auf transzendenter oder spiritueller Ebene.
  Hier kommt die eigene Spiritualität in Resonanz. Ein Mensch sieht sich in einem größeren Zusammenhang, fühlt sich gehalten, getragen, geborgen.
  Spreche ich als Seelsorger ein Gebet, merke ich oft, dass ganz viel in Bewegung kommt. Manchmal fließen Tränen. Manchmal höre ich ein Aufatmen. Manchmal bemerke ich, wie sich eine innere Spannung löst. Psalmen sind oft voller Bilder und Symbole: Licht als Bild für „Lichtblicke“, Burg als Sinnbild für Geborgenheit. Das finstere Tal als Symbol für den schweren Weg durch Krankheit und Krisen verbunden mit der Aussage „Du bist bei mir“.
  Die Psalmverse enthalten verdichtete Lebenserfahrungen, die sich fast in jeder Biografie wieder finden. Sie drücken aus, was vielen Menschen aus dem Herzen spricht. Das Gleiche gilt für Liedverse. Auch Singen ist auf Resonanz angelegt und kann die Seele zum Schwingen bringen.
  Segen wird fast immer als ganz intensive und liebevolle Zuwendung erlebt, die kaum einen Menschen unberührt lässt.
  Oder was geschieht, wenn ich einer Patientin einen kleinen Bronzeengel auf den Nachttisch stelle? Er veranschaulicht Schutz und Geborgenheit, die Gott geben möchte. Der Engel scheint diese Geborgenheit wortlos zu vermitteln.

Ich meine, dass ich als Seelsorge nicht unbedingt „zurückhaltend“ sein muss, was Spiritualität anbetrifft. Meine Vermutung ist, dass fast jeder Mensch eine spirituelle Sehnsucht kennt und insofern auch resonanzfähig ist. Es ist der innere Reichtum der Seele, der so ins Schwingen kommt.

Sicher gibt es auch negative Resonanzen. Das bedeutet, unangenehme Erlebnisse werden erinnert, verbunden mit unangenehmen Gefühlen. Wie gehe ich damit um? Ich muss mich zunächst für die negativen Assoziationen nicht verantwortlich fühlen. Sie gehören zur Lebenserfahrung meines Gesprächspartners. Sie können ausgesprochen werden. Sie zeigen mir, wo Verletzungen vorhanden sind, wo es Enttäuschungen gab. Hinter jeder Enttäuschung steht aber auch eine Sehnsucht, eine positive Erwartungshaltung. Daran kann ich anknüpfen.
Ich kann auch fragen: *„Was brauchten Sie, dass die Erinnerung nicht so weh tut?" „Was könnte helfen, den Schmerz zu lindern?"* Mein Anliegen ist es, dass Menschen aus der negativen Gedankenspirale herausfinden und den Reichtum guter Erinnerungen und Perspektiven wieder wahrnehmen können.

6.3.3. Suche nach Be-Deutung

„Warum musste mir das geschehen? Warum musste ich so krank werden? Warum hat mir Gott das zugemutet?"
Wenn Menschen so fragen, erwarten sie in der Regel keine Antwort. Diese Fragen sind auch nicht unbedingt Ausdruck von Verzweiflung. Menschen, die mit Krankheit oder schweren Belastungen konfrontiert wurden, suchen nach Sinn und Bedeutung dessen, was ihnen widerfahren ist. Sie fragen mehr nach dem Wozu als nach dem Warum.
Ich kann solches Fragen aufnehmen, kann anregen, nach der Bedeutung für das eigene Leben zu suchen. Manch einem geht dann auf: „Ich konnte ja nicht so weitermachen, wie bisher. Mein Körper hat mir gesagt: Stopp! Die Krankheit hat mir meine Grenzen gezeigt, hat mich vielleicht vor Schlimmeren bewahrt". Oder: „Die Krise hat mir die Augen geöffnet. Ich kann jetzt das Leben wieder genießen." Selbst schwere Erfahrungen können besser verarbeitet und in die eigene Biografie eingeordnet werden, wenn man ihnen eine Bedeutung beimisst. Ihnen wird ein Platz im Leben zugewiesen. Damit verlieren sie ihre negative Dynamik, die das Gedankenkarussell nicht zur Ruhe kommen lässt. Mitunter entsteht eine vollkommen andere Sicht, eine völlig andere Bewertung der leidvollen Erfahrung.
Wie kann ich als Seelsorger Menschen bei der Suche nach Deutungen behilflich sein? Mit eigenen Deutungsversuchen bin ich sehr zurückhaltend, erst recht mit religiösen Erklärungen. Aber manchmal öffnet es einem Menschen die Augen, wenn ich frage: *„Gibt es auch etwas Positives und für Sie Bestärkendes, was Sie Ihrer Situation abgewinnen können?"* Oder wenn ich sage: *„Ich stelle mir vor, dass diese schwere Phase Ihres Lebens doch eine Bedeutung für Sie hatte."*

Bei der Suche nach Deutungen kommen oft auch Schuldgefühle auf. „Wollte Gott mich strafen, prüfen, zurechtweisen?“ Nach meiner Erfahrung ist es nicht hilfreich, solche Gedanken sofort zurückzuweisen. Ich muss Gott auch nicht verteidigen. Wäre es nicht auch falsch zu sagen, dass es Gott niemals in den Sinn käme zu prüfen und zu strafen? Vielmehr versuche ich solche Gedanken anzuerkennen und aufzunehmen, in dem ich z.B. frage: *„Was glauben Sie, wofür Gott Sie strafen, wozu er Sie prüfen wollte?“* Entscheidend ist letztlich das Gottesbild, welches für einen Mensch prägend geworden ist. Das kann ich mit Argumenten und Belehrungen nicht verändern. Ich könnte anbieten, davon zu sagen, wie *ich* Gott sehen, wie Menschen ihn in Notsituationen erfahren haben, nämlich als barmherzigen, stärkenden, nährenden Gott. Aber Schuldgefühle lassen sich nicht einfach vom Tisch wischen. Sicher haben sie auch ihre Bedeutung. Vielleicht ist es für einen Betroffenen sogar hilfreicher, wenn er seine Krankheit als göttliche Prüfung und Vermahnung deutet, als gar keine Erklärung zu haben.
Bei weniger gewichtigen Fragestellungen ist es auch leichter, Deutungshilfen zu geben bzw. einen Perspektivenwechsel zu ermöglichen. Ein Patient beklagte sich heftig darüber, dass er im Krankenhaus vom Einzelzimmer in ein Vierbettzimmer verlegt wurde. Auf die Frage, ob es denn auch Vorteile habe mit drei Mitpatienten in einem Zimmer zu sein, beruhigte er sich und sagte schließlich: „Die passen auf mich auf und helfen mir sicher, wenn es mir in der Nacht schlechter gehen sollte.“ Der Ärger und die Aufregung waren verflogen. Er konnte sich entspannt und geborgen fühlen, weil er eine andere Sicht von dem Ereignis „Zimmerwechsel“ bekommen hatte, weil er es anders, nicht mehr so negativ deuten konnte.
Von einem anderen Patienten, dem ein Fuß amputiert werden musste, hörte ich: „Die haben mir nicht den Fuß abgenommen, die haben *mich* vom bösen Fuß abgetrennt. Der Fuß lag im Sterben und ich kann leben.“ Positive Umdeutungen entlasten. Sie entkrampfen, so wie auch Humor hilft, die leichtere Seite des Lebens zu entdecken. Sie schaffen Abstand zu leidvollen Ereignissen. Sie lenken den Blick auf das Beglückende und nicht so sehr das Bedrückende.

6.3.4. Nach Trost suchen

Wenn wir uns den Herausforderungen des Lebens nicht gewachsen fühlen, brauchen wir Trost. Die eigenen Kräfte und Ressourcen reichen dann offenbar nicht aus, um sich selbst zu stabilisieren.
Was bedeutet Trost? Wenn wir von Trost hören, erinnern wir uns wahrscheinlich zuallererst an Trosterfahrungen in unserer Kindheit. Wie oft war es notwendig getröstet zu werden, wenn es auch meistens kleine Nöte

waren, die gewendet werden mussten. Der Trost der Mutter hatte die Kraft, Schmerzen regelrecht wegzuzaubern, Kummer zu stillen, die Verletzungen der kleinen Seele zu heilen. Da genügten eine Umarmung, Blasen, Streicheln oder ein Heile-heile-Segen-Sprüchlein. Schwerwiegende Probleme können uns auch als Erwachsene in eine Hilflosigkeit versetzen, die wir aus der Kindheit kennen, die nach Streicheleinheiten und tröstlichem Zuspruch verlangt.

Das Wort Trost lässt sich herleiten vom nordischen Wortstamm „traust“, was Baum oder festes Holz bedeutet.[76] Kein Wunder, wenn viele Menschen in der Natur Trost finden. Der Baum ist eine Metapher für Festigkeit. Ein Baum steht fest. Ich kann mich anlehnen. Er ist größer als ich. Ich kann mich an ihm aufrichten. Er gibt mir Halt. Er bietet mir Schutz. Menschen, die andere trösten, sind also wie ein Baum. Sie stellen ihre Kraft zur Verfügung. Sie stehen anderen bei, sind Halt und Stütze. Und wie gut tut es, wenn ich mich bei jemandem anlehnen kann. Das ist Trost.

Es gibt nun ganz verschiedene Möglichkeiten, Trost zu geben.

- Tröstlich ist, wenn ich einem Menschen Aufmerksamkeit schenke, mir Zeit für ihn nehme. Einfach da sein, das ist schon viel. Die menschliche Nähe ist wohl die Urform des Trostes, die wir seit dem Tag unserer Geburt gebraucht und erfahren haben.
- Tröstlich ist, wenn ich einem Menschen Achtung und Beachtung schenke, in dem ich mich selber zurücknehme, ihm zuhöre, seine Bedürfnisse und Gefühle wahrnehme.
- Tröstlich ist, wenn ich mich in die Lage eines Menschen hineinversetzen kann: Wo stehst du gerade? Was ist das Bedrückende an deiner Situation? Wie würde *mir* es gehen? Wie würde *ich* mich fühlen? Was würde *mir* gut tun?
- Tröstlich ist, wenn sich jemand bei mir „anlehnen“ kann, wenn er schwach sein und seine Schwächen zeigen darf, wenn ich sein Weinen und Klagen aushalte.
- Worte können tröstlich sein, wenn sie authentisch und stimmig sind und nicht aufgesetzt wirken, wenn sie also meiner eigenen Gefühlslage entsprechen: *„Ich weiß jetzt nicht viel zu sagen. Ich bin jetzt einfach da.“ „Mich macht das auch ganz ratlos, wenn ich sehe, wie es Dir geht. Aber ich möchte Dich nicht allein lassen.“*
- Auch biblische Worte können tröstlich sein, besonders wenn sie die Leiderfahrung des Betroffenen aufnehmen: „Um Trost war mir sehr bange. Du aber hast dich meiner Seele herzlich angenommen.“ (Jesaja 38, 17) oder „Was betrübst du dich, meine Seele und bist so unruhig in

[76] Tarr: Trost- die Kunst der Seele gut zu tun. S. 18

mir, harre auf Gott.“ (Psalm 42, 6) oder „Er gibt den Müden Kraft und Stärke genug dem Unvermögenden.“ (Jesaja 40, 29)

- Es kann tröstlich sein, wenn ein von Leid betroffener Mensch (mit den Worten der Bibel) klagen kann, z.B. mit dem Psalm 22: „Ich bin ausgeschüttet wie Wasser... Mein Herz ist in meinem Leibe wie zerschmolzenes Wachs. Meine Kräfte sind vertrocknet wie eine Scherbe.“(Verse 15,16).
  Die Worte drücken aus, was ihm auf der Seele brennt. Er kann sich damit identifizieren. Der Psalm mündet dann in die innige Bitte und das tröstliche Bekenntnis: „Du, Herr, sei nicht fern, meine Stärke, eile mir zu helfen.“ (Vers 20)
- Das Singen und Lesen von Liedtexten kann tröstlich sein, weil die vertrauten Melodien und Texte Erinnerung wecken und weil gemeinsames Singen miteinander verbindet.
- Beten kann tröstlich sein, wenn es die Sehnsucht eines Menschen auffängt und in Worte fasst. Wenn ich z.B. mit einer Patientin das Vaterunser gebetet habe, war für mich oft zu spüren, wie sich etwas mit ihr verändert hat, wie sie beruhigter, entspannter, zuversichtlicher sein konnte.
- Schweigen kann tröstlich sein, gerade dann, wenn es schwer wird, die Betroffenheit mit Worten auszudrücken, wenn alles Reden unangemessen erscheint. Im Schweigen sind es nur die Gefühle, die „sprechen“. Das führt zu einer unmittelbaren Verbundenheit und Nähe.
- Einen Menschen berühren, kann tröstlich sein, seine Hand halten, über die Wangen streichen, die Hand lange fest drücken.
- Segnen ist eine ganz intensive Form des Tröstens. Die bestärkenden Worte werden unterstrichen durch eine liebevolle Berührung.

Trost ist etwas anderes als Vertrösten. Dennoch gerät einer, der Trost geben möchte, leicht in den Verdacht oder auch in die Gefahr, nur zu vertrösten. Vertröstung ist aber nicht nur negativ zu sehen ist. Wenn wir als Kinder mit den Worten beruhigt worden sind: „Es wird bald wieder gut.“, dann war die Vertröstung doch auch irgendwie tröstlich. In der Seelsorge mögen solche Formulierungen unangebracht sein. Grundsätzlich ist es aber durchaus hilfreich, den Blick vom leidvollen Augenblick auf spätere Zeit zu lenken, in der mit Besserung zu rechnen ist: *„Ich denke, Sie schaffen es, die schwere Zeit durchzustehen. In ein paar Tagen ist vielleicht das Schlimmste überstanden.“*
Tröstung in diesem Sinne muss allerdings aufrichtig sein und die Situation des betreffenden Menschen im Blick haben.

6.4. Der Blick in die Zukunft

6.4.1. Hoffnung wecken

Im Gespräch mit einem Menschen, so schwierig seine Lebensumstände auch sind, wird oft Hoffnung signalisiert, zumindest die wage Zuversicht, dass sich doch etwas ändern und zum Guten wenden kann. „Die Hoffnung stirbt zuletzt.“ - so höre ich immer wieder. Der Betroffene findet sich nicht einfach ab mit seiner Situation. Er resigniert nicht. Depressive Patienten z.B. kennen keine Sehnsucht und keine Hoffnung, zumindest nicht aus ihrem depressiven Erleben heraus. Durch die Hoffnung ist ein Mensch in der Lage, über seine Situation hinaus zu denken, positive Vorstellungen zu entwickeln. Er verbündet sich mit einer aussichtsvolleren Zukunft.
Im Rückblick haben mir Patienten oft geschildert, dass ihnen ihre Sehsucht und ihre Hoffnung, gesund zu werden, geholfen haben. Ein an Krebs Erkrankter sagte sich immer wieder: „20% derer, die so erkrankt sind wie ich, schaffen es. Sie werden wieder völlig gesund. Ich gehöre zu den 20%.“ Das war seine Kampfansage gegen die Krankheit.

Die Hoffnung wird auch durch Bildworte veranschaulicht. Da wird z.B. vom Garten gesprochen, der Garten, Symbol für das kleine Paradies, dafür, dass etwas aufblüht und wächst. Die Enkelkinder sind Ausdruck dafür, dass ein Mensch noch Aufgaben sieht, dass er noch gebraucht wird und Freude erleben möchte. Oder ein Sonnenaufgang wird ganz bewusst wahrgenommen, wird zum Zeichen für hoffnungsvolle Lichtblicke. Auf dem Nachttisch eines an Krebs erkrankten Mannes stand ein Bild von seinem Auto. Für ihn war es Symbol für die Hoffnung auf bessere Zeiten, für die Sehnsucht, dass er irgendwann wieder hinter dem Lenkrad sitzen und mit dem Wagen davonrauschen kann. Solche Hoffnungen sind konstruktiv, sie konstruieren zwar eine Wirklichkeit, die es vielleicht nie geben wird. Aber sie bauen einen Menschen auch auf.
Dennoch ist der Versuch, in einem Menschen Hoffnung wachzurufen nicht immer unproblematisch. Als Seelsorger möchte ich keine falschen Hoffnungen wecken. Ermutigung braucht einen Bezug zur Realität, zu dem, was ich wirklich erwarten kann. Dorothee Sölle schreibt: “Die Hoffnung hat zwei Beine: ein metaphysisches und ein empirisches.“[77] Wenn sich die Hoffnung nicht mit der Wirklichkeit verbinden kann, stirbt sie ab. Deshalb kann wohlgemeinte Aufmunterung auch falsch verstanden werden und ihrer ursprünglichen Absicht entgegenwirken, wo sie an der Erwartung des Betroffenen vorbeigeht.

---

[77] Sölle: Den Rhythmus des Lebens spüren. S. 224

Wie kann ich als Seelsorger die Zuversicht stärken?
Vielleicht kann ich fragen: *„Wonach sehnen Sie sich?“ „Was ist Ihre Hoffnung?“ „Was macht Sie trotz allem zuversichtlich*?“ Denn nur die eigene wird zur tragenden Hoffnung.

Wie kann ich die christliche Hoffnung zur Sprache bringen?
Christliche Hoffnung bedeutet zuallererst, mit Gott zu rechnen. Sie schließt die Hoffnung auf Genesung mit ein, beschreibt aber einen weiteren Horizont. Sie richtet den Blick auf eine heilvolle Zukunft, auf Gottes Friedensreich, auf Erlösung, Auferstehung, Vollendung. In der jüdischen Tradition wird im Hinblick auf diese Erwartung von der „Welt der Wandlungen“ gesprochen[78]. Gott wandelt unsere Welt zum Guten. Mit dieser Umschreibung rücken die biblischen Vorstellungen etwas näher heran an unsere Lebenswirklichkeit, denn Gottes wandelnde Kraft ist schon hier und heute erfahrbar.
Mit dem Angebot eschatologischer Hoffnungsaussagen, die auf ein Leben nach dem Tod verweisen, bin ich etwas vorsichtig. Nicht in jeder Lebenssituation und Gefühlslage ist es tröstlich, über die Begrenzung des Lebens hinauszublicken. Nicht jeder hat „Lust abzuscheiden, um bei Christus zu sein“, wie Paulus das von sich sagen konnte. Die meisten Menschen hängen am Leben, erhoffen sich Besserung, Heilung, Lösung ihrer Probleme. Ich habe als Seelsorger auch kein Recht, einem Menschen seine „irdischen Hoffnungen“ zu nehmen, indem ich von Auferstehung und ewigem Leben spreche. Vielleicht ist es hilfreich, diese eschatologische Hoffnung zu vergegenwärtigen, Auferstehung nicht nur als nach dem Tode zu erwartendes Ereignis zu sehen, sondern als Kraft, die schon in mir ist, die mich trägt über das Ende des Lebens hinweg. Wichtig erscheint mir, dass biblische Aussagen nachvollzogen werden können, dass gute Resonanz entsteht, dass sie aufrichten.
Und doch lassen mich die Hoffnungsbilder der Bibel nicht los, gerade wenn ich am Bett eines sterbenden Menschen sitze. Da spüre ich, wie sie Zuversicht stiften, wie sie Halt geben. Sie haben die Kraft, eine an sich verzweifelte Situation in eine hoffnungsvolle zu wandeln.
Christliche Hoffnung würdigt das eigene Leben, weil sie das Misslungene gerade richtet, das Unvollkommene vollendet. Sie findet sich mit dem Endgültigen nicht ab. Sie hebt den Blick über die Brüchigkeit des Lebens hinaus. Sie nimmt heilvolle Wandlung gedanklich vorweg und holt sie ins Leben.

[78] Buber: Die Erzählungen der Chassidim. S. 161

6.4.2. Proviant für die kommende Zeit

In einer seelsorgerlichen Begegnung kann viel geschehen. Sie kann Klarheit schaffen, trösten, aufrichten, ermutigen. Es kann sich etwas lösen. Oft bleiben aber auch viele Fragen offen. Es bleiben Unsicherheit, Ungewissheit. Menschen, die sich mir anvertraut haben, müssen ihren Weg selber weitergehen, auch wenn ich sie ein Stück des Weges begleiten konnte.
Mir ist die Frage wichtig: Was können sie mitnehmen aus der Begegnung? Was kann ich mit auf den Weg geben? Vielleicht Worte, die weiterhin trösten, die bestärken, sich selbst zu vertrauen und sich Gott anzuvertrauen. Vielleicht nehmen sie Einsichten mit, die sich aus einer anderen Perspektive ergeben haben. Vielleicht sind die eigenen Kraftquellen bewusst geworden. Vielleicht war auch Gelegenheit, ein Ritual einzuüben, das immer einmal wieder vollzogen werden kann. Vielleicht wird eine Segenshandlung als stärkende „Mitgift" erfahren.
Ich kann auch die Fragen direkt an den Menschen, den ich begleitet habe, weitergeben: *„Was können Sie mitnehmen aus den Gesprächen?" „Welche Perspektiven sehen Sie?" „Was sind die nächsten Schritte, die Sie gehen möchten?" „Was möchten Sie zurücklassen, was möchten Sie behalten?" „Was könnte Ihnen weiterhin hilfreich sein?" „Was brauchen Sie für die nächsten Schritte?" „Wer oder was könnte Sie unterstützen?" „Welche Kraftquelle können sie weiterhin nutzen?"*

7. Gestaltungsmöglichkeiten einer ressourcenorientierten Seelsorge

Eine seelsorgerliche Begegnung ist in der Regel ein offenes Geschehen. Sie hat etwas Unberechenbares. Darin liegt die Chance, ganz bei dem Menschen zu sein, mit dem ich im Kontakt bin. Ich verstehe mich aber nicht als inaktiven Zuhörer. Ich bin aktiv beteiligt, indem ich reagiere, nachfrage, mein Gegenüber bestärke. Oft ist es sogar sinnvoll, dass ich als Seelsorger Impulse gebe, zirkulierende Gesprächsverläufe aufbrechen oder dem Gespräch eine neue Richtung gebe. Ich kann die Begegnung auch ganz bewusst mitgestalten. Wenn ich eine Person längere Zeit begleite, kann ich auch Gestaltungselemente oder Rituale einbringen, die ermutigend sind, Erleichterung schaffen oder einfach gut tun. Sie können nicht nur das Wohlbefinden fördern. Sie geben auch Halt, vermitteln hilfreiche Strukturen für die Lebensbewältigung. Welche Gestaltungsmöglichkeiten sich anbieten, versuche ich in den folgenden Abschnitten auszuführen.

7.1. Selbstwahrnehmung und Selbstwertschätzung

Jean Monbourquette, kanadischer Tiefenpsychologe, beschäftigte sich mit dem Phänomen des Selbstwertes. Nach seiner Erkenntnis speist sich die Selbstwertschätzung des Menschen aus zwei Quellen:

- aus seinen Fähigkeiten und der damit verbundenen Anerkennung *und*
- aus seinem Menschsein, aus seine Einmaligkeit.

Unabhängig von seinen Leistungen ist jeder Mensch „liebenswürdig" und hat ein unhinterfragbares Recht zu leben. Für Monbourquette ist die verdienstlose Wertschätzung eine spirituelle Kategorie, ohne die die Psychologie des Selbstwertes nicht auskommt. Die spirituelle Komponente ist sogar das tragende Element des Selbstwertes. Schon der Psychoanalytiker C.G. Jung sah den Grund der wertschätzenden Selbstwahrnehmung im Geheimnis der Imago Dei, im Abbild Gottes im Menschen.[79]

Eine weitere Erkenntnis: Die Selbstwahrnehmung und die Selbstwertschätzung eines Menschen sind beeinflussbar. Wenn ich dazu neige, eher meine Schwächen und Defizite im Blick zu haben, kann ich das ändern. Ich kann regelrecht einüben, wohlwollend auf mich zu sehen, gut zu mir selbst zu sprechen, mich selbst anzuerkennen und zu lieben, meine Fähigkeiten zu schätzen. Neu gewonnene Selbstachtung kann eingefahrene Dynamiken der Geringschätzung in einem Beziehungssystem erschüttern. Wenn ich z.B. auf eine Missbilligung unerwartet selbstbewusst reagiere, wird sich mit großer Wahrscheinlichkeit auch das Verhalten meines Gegenübers ändern.

[79] Monbourquette: Psychologie und Spiritualität. S. 15

Ein gestärktes und „gesundes" Selbstwertgefühl trägt ganz maßgeblich zum allgemeinen Wohlbefinden bei und wird zum Schutzfaktor gegen Stress. Nach einer Studie mit onkologischen Patienten mindert es sogar das Risiko einer Neuerkrankung.[80]

Baumübung zur Selbstwahrnehmung

Das Bild eines Baumes kann mir helfen, mich selbst, meine Stärken, meine eigene Schönheit wahrzunehmen.

Vor mir sehe ich einen Baum. Er ist kräftig und schön. Er hat Wurzeln, einen festen Stamm, viele Äste und Zweige, die sich zum Himmel hin strecken. Ich übertrage dieses Bild auf mich: Ich bin wie „ein Baum, an den Wasserquellen gepflanzt, der Frucht trägt zu seiner Zeit, dessen Blätter nicht welk werden" (Psalm 1)

Was sind meine Wurzeln?
Was nährt mich?
Aus welchen Quellen ziehe ich meine Kraft, meine Lebensenergie?
Was gibt mir Halt?
Was hilft mir, aufrecht zu stehen?
Was macht mich fest und stark, dass ich vielem, was auf mich einstürmt, standhalten kann?
Was lässt mich „grünen" und aufblühen?
Was hilft mir, mich zum Himmel zu strecken?
Bin ich schon einmal über mich selbst hinaus gewachsen?
Was hat alles schon, von dem was ich begonnen habe, Früchte getragen.
Was macht meine Einmaligkeit und meine Schönheit aus?

Liste der Fähigkeiten

Eine ganz einfache Übung, die zur Stärkung des Selbstwertgefühls beitragen kann, ist das Auflisten aller Fähigkeiten und Kompetenzen, die ich besitze, angefangen bei meiner physiologischen Ausstattung bis hin zu besonderen Begabungen: *Ich kann sehen, hören, riechen, fühlen, mich bewegen, denken usw.*
Meine Selbstwahrnehmungen kann ich schriftlich festhalten oder ich lasse sie meditativ an mir vorüberziehen.

---

[80] Sellin: Varianten der Selbstwertschätzung und Hilfesuche. S. 20 und 37

Ich trage eine Krone – eine Körperübung

In der Bibel ist immer wieder davon die Rede, dass ich mich wie ein König fühlen darf, weil Gott mir diese Würde zuspricht, mich „krönt mit Gnade und Barmherzigkeit“ (Psalm 103, 4), weil er mich für würdig erachtet, mir die „Krone des Lebens“ (Offenbarung 2, 10) zu geben. Ich kann mir diese Wertschätzung meiner Person bewusst machen, eine Wertschätzung, die ich mir nicht erarbeiten muss, die mir geschenkt ist.
Aus der körperorientierten Psychotherapie ist bekannt, dass sich unsere Gefühlslage ändert, wenn wir nur eine andere Körperhaltung einnehmen.[81]
Dazu folgende Übung:

Gott hat mich wertgeschätzt, gekrönt mit Gnade und Barmherzigkeit.
Ich darf mich geachtet fühlen wie ein König.
Wenn mir das bewusst wird, nehme ich die Haltung ein, als trage ich auf meinem Kopf eine goldene Krone. Ich stehe aufrecht. Mein Rücken ist gerade, meine Schultern sind locker und leicht nach hinten und nach unten gezogen, mein Blick ist nach vorn gerichtet.
Wie fühlt sich das an, wenn ich so dastehe und gehe?

Spiegelübung - Sich selbst in die Augen schauen

Ich stelle mich vor einen Spiegel und schau mir selbst in die Augen. Ich schau auf mich mit einem liebevollen Blick, so wie Gott in seiner Liebe auf uns sieht.

Ich kann mir selbst in die Augen schauen.
Ich sehe einen Menschen, der einmalig ist.
Ich bin ein Original.
Es gibt keinen Menschen auf der Welt, der so ist wie ich bin.
Ich sehe einen Menschen, der schon viel geleistet hat.
Das lässt mich aufrecht stehen.
Ich sehe einen Menschen, der schon viel ausgehalten hat.
Das hat mich stark gemacht.
Ich sehe einen Menschen mit einem Schatz an Lebenserfahrungen.
Sie haben mein Leben bunt und reich gemacht.
Ich sehe einen Menschen, der viele Begabungen hat.
Sie geben mir Erfüllung und Sinn.

---

[81] Monbourquette: Psychologie und Spiritualität. S. 50

Ich sehe einen Menschen, der auch seine Ecken und Kanten hat.
Sie gehören zu mir.
Ich sehe einen Menschen, der bei allen Schwächen unendlich liebenswert ist.
Ich sehe einen Menschen, der sich selber lieben darf,
weil Gott ihn liebt, so wie er ist,
weil Gott mich liebt und wertschätzt, so wie ich bin.
Ich kann mich selbst mit dem gütigen Blick Gottes sehen.
Ich kann mir selbst liebevoll in die Augen schauen.

7.2. Klagen, Danken, Bitten

Wer betet, denkt über den eigenen Horizont hinaus. Er überwindet Sprachlosigkeit. Er sucht Kontakt mit einem Höheren, mit Gott. Er tut das im Vertrauen, dass seine Worte nicht in den Wind gesprochen sind.
Das Gebet ist eine sehr emotionale und intime Ausdrucksform innerer Bewegung. Im Gebet entfalten sich Sorgen und Klage, Sehnsucht und Dankbarkeit. Es ist eine Form des Sich-Anvertrauens und verlangt nach einem geschützten Raum. In einer Kultur, in der religiöse Werte hinterfragt und aufgegeben werden, sind Ausdrucksformen wie das Beten schambesetzt. Zudem mischen sich eigene Zweifel und Unsicherheit, ob das Gebet gehört wird, ob es realistisch ist, auf die „Hilfe von oben" zu hoffen. Deshalb sparen sich viele Menschen das Beten für äußerste Notzeiten auf. Dennoch haben laut einer Umfrage des Instituts für Demoskopie über 60% der Deutschen wohl gerade in schwierigen Zeiten das Bedürfnis nach innerer Einkehr und Gebet.[82]
Der Seelsorger gilt vielfach als Experte für religiöse Angelegenheiten. Von ihm wird erwartet, dass er den Schmerz und die Sehnsucht eines Menschen in Worte fassen und Gott anvertrauen kann, dass er das auch stellvertretend tut.
So genügt es oft, einem Menschen zu sagen: Ich bete für Sie. Gerade Patienten, die im Krankenhaus in Mehrbettzimmern untergebracht sind, ziehen es vor, dass „im stillen Kämmerlein" für sie gebetet wird und nicht im Beisein der Mitpatienten. Mir ist es dann immer wichtig zu erfahren, was das besondere Anliegen des Gebets sein soll, falls das nicht im vorangegangenen Gespräch angeklungen ist.
Wenn ich am Krankenbett bete, dann tue ich das mit knappen, konzentrierten Worten oder/ und mit der festen Gebetsform des Vaterunsers oder eines Psalms. Psalmgebete drücken oft sehr tiefgründig aus, was einen Menschen in einer Notsituation bewegt: Angst, das Gefühl, verlassen zu sein, Zorn und Enttäuschung, aber eben auch die unbändige Sehnsucht nach Beistand,

[82] Utsch: Hilft Glaube heilen? S. 2

das „unverschämte“ Einklagen der Hilfe Gottes. Und sie inszenieren einen Wandlungsprozess. Wer mit den Psalmworten einstimmt in die Klage, wird zumindest verbal aus ihr herausgeführt und hinein genommen in ein hoffnungsfrohes Bekenntnis.

Eine Adaption des Psalms 22

Mein Gott, warum hast du mich verlassen?
Ich bete, aber ich spüre keine Hilfe.
Ich rufe zu dir, aber du antwortest nicht.
In der Nacht finde ich keine Ruhe.
Wer bin ich?
Bin ich ein Wurm, den keiner beachtet?
Meine Seele ist voller Angst.
Ich fühle mich hingeschüttet wie Wasser.
Mein Herz ist zerschmolzen wie Wachs.
Meine Kräfte sind vertrocknet,
zerbrochen, einer Scherbe gleich.
Ich kann all meine Knochen zählen.
Aber du, Gott, sei nicht fern.
Du, meine Stärke, eile mir zu helfen.
Errette meine Seele aus Bedrohung und Angst.
Ich weiß, du verachtest nicht, die im Elend sind.
Ihre Not ist dir nicht verborgen.
Du stillst den Hunger nach Leben.
Wer sich dir anvertraut,
kann dich am Ende loben und preisen.
Ihm wird das Herz aufleben, ewiglich.

Eine Adaption des Psalms 31

Gott, ich traue auf dich.
Lass mich nicht ganz kaputtgehen.
Hab offene Ohren für mein Gebet.
Mir ist angst.
Meine Augen sind trübe geworden vor lauter Sorgen.
Mein Leben hat sich aufgelöst in Kummer und Seufzen.
Mit meiner Kraft bin ich am Ende.
Meinen Angehörigen bin ich zu einer Last geworden.
Meine Bekannten meiden mich.

Ich fühle mich verlassen und vergessen.
Gott, ich bin geworden wie ein zerbrochenes Gefäß.
Aber ich hoffe auf dich und spreche:
Du bist mein Gott.
Dir vertraue ich mich an.
Du hörst die Stimme meines Flehens.
Du gibst mir Halt und Kraft.
Wenn ich auf dich hoffe,
kann ich auch wieder fröhlich sein
und mich und andere trösten:
„Seid nur getrost und unverzagt,
die ihr auf Gott eure Hoffnung setzt."

Eine Adaption des Psalms 138

Gott, ich danke dir von ganzem Herzen.
Ich möchte dich preisen für deine Güte und Treue.
Denn du siehst die Menschen, die ganz weit unten sind.
Du hast immer ein offenes Ohr für meine Sorgen.
Wenn ich mitten in der Angst bin,
stärkst du mich und richtest mich auf.
Du wirst mich so führen, dass alles gut wird.
Deine Güte bleibt ewig.

Rückblick auf bessere Zeiten

Der 77. Psalm gibt einen Impuls, bei allem Beklagenswerten die guten Zeiten nicht zu vergessen. Damit ändert sich die Blickrichtung. Die belastenden Erfahrungen sind nur ein Teil des Lebens. Durch den Rückblick auf gute Zeiten entsteht Hoffnung, dass sich die gegenwärtige, als leidvoll empfundene Situation auch wieder ändern kann.

Einführung:
Ich lade Sie ein, ein Psalmgebet innerlich mitzusprechen, in dem ein Mensch seine ganze Enttäuschung und Klage zum Ausdruck bringt. Vielleicht ist in diesen Worten ausgedrückt, was Sie selbst gerade bewegt. Nachdem der Psalmbeter so richtig geklagt hat, versucht er sich zu erinnern, was doch alles gut war in seinem Leben. Das hilft ihm, nicht im Beklagenswerten zu versinken und auf bessere Zeit zu hoffen.

In der Zeit meiner Not suche ich Gott.
Nachts ist meine Hand ausgestreckt nach ihm,
denn meine Seele findet keinen Trost.
Ich denke an Gott - und bin betrübt.
Ich sinne nach - und mein Herz ist in Ängsten.
Nachts liege ich wach, bekomme kein Auge zu.
Es ist so viel Unruhe in mir, dass ich kein Wort herausbringe.
Ich denke nach, grüble, statt zu schlafen, rede mit meinem Herzen.
Mein Geist kommt einfach nicht zur Ruhe.
Hat Gott vergessen, gnädig zu sein?
Ist er zornig, statt barmherzig zu sein?
Ich will mich daran erinnern,
wie oft mir Gott in vergangenen Zeiten geholfen hat.

Impuls:
Nun denkt der Psalmbeter zurück an die guten Zeiten,
an alles, was Gott für ihn und sein Volk getan hat.
Woran könnten Sie denken, wo das Leben gnädig mit Ihnen gewesen ist,
wo Gott geholfen hat?
Welche guten Erfahrungen kommen Ihnen in den Sinn, für die Sie heute noch dankbar sind?

Klage in Wünsche verwandelt

Die Psychotherapeutin Luise Reddemann regt an, den seelischen Schmerz auch wirklich anzuerkennen, der Klage Raum zu geben. Dies könnte so geschehen, indem der Kummer aufgeschrieben und ein Ort gefunden wird, wo so ein beschriebener Zettel abgelegt werden kann, in ein Gefäß oder unter einen Stein.
In jeder Klage steckt aber auch ein Wunsch, eine Sehnsucht nach Veränderung. So kann es hilfreich sein, die Klage als Wunsch oder Bitte zu formulieren.[83] So wird aus einer Klagelitanei ein Gebet voller guter Wünsche und Bitten um hoffnungsvolle Perspektiven.

[83] Reddemann: Eine Reise… S. 150

In sich gehen und danken

Wenn mir ein Körperteil schmerzt oder ein Organ nicht wie gewohnt funktioniert, wird mir bewusst, wie zuverlässig mein Körper in der Regel seine Arbeit verrichtet. Das hat mich bewogen, in mich zu gehen und jedem Teil meines Körpers und Gott dafür zu danken.

Ich danke euch, ihr Augen,
ihr seid mir Fenster zur Welt, beschenkt mich mit Bildern und Farben.
Ich danke euch, ihr Ohren,
ihr gebt mir Offenheit. Durch euch dringen Laute, Worte und Musik in mein Innerstes und machen mein Leben reich.
Ich danke dir, Nase.
Durch dich kann ich die herrlichsten Düfte wahrnehmen.
Ich danke die, Mund.
Mit deiner Hilfe kann ich essen, sprechen, singen, küssen, lachen.
Ich danke dir, Zunge.
Ohne dich wäre ich stumm und geschmacklos.
Ich danke dir, Hals.
Du trägst meinen Kopf, der manchmal voll und schwer ist.
Ich danke dir, Rückgrat.
Du lässt mich aufrecht gehen.
Ich danke dir, Herz.
Du arbeitest Tag und Nacht, ohne Pause und hast noch Platz für meine Gefühle.
Ich danke euch, ihr Organe.
Ihr sorgt für mich.
Ich danke euch, Hände.
Mit euch kann ich so vieles anpacken. Mit eurer Hilfe bin ich handlungsfähig.
Ich danke euch, Beine und Füße.
Ihr tragt mich und führt mich in die Weite.
Ich danke dir, Gott.
Du hast mich entworfen und nach deiner Vorstellung herrlich gestaltet. Lebensatem hast du mir eingehaucht, du Quelle des Lebens.
Dich will ich loben.

Eine Danklitanei nach Psalm 139

Psalm 139, 13 und 14a:
Gott, du hast meine Nieren bereitet
Und hast mich gebildet im Mutterleib.
Ich danke dir dafür.

Gott, du hast mich geschaffen.
Du hast meinen Körper nach deinem Bild geformt.
Ich danke dir dafür.
Du hast mein Herz auf den rechten Fleck gesetzt.
Ich danke dir dafür.
Du hast mir Augen gegeben, dass ich sehen kann.
Ich danke dir dafür.
Du hast mir Ohren gegeben, damit ich hören kann.
Ich danke dir dafür.
Du hast mir den Geruchssinn gegeben, damit ich riechen und schmecken kann.
Ich danke dir dafür.
Mit meiner Zunge kann ich sprechen und singen.
Ich danke dir dafür.
Mit meinem Kopf kann ich denken, mit dem Herzen fühlen.
Ich danke dir dafür.
Mit meinen Händen kann ich zugreifen und auch ganz sanft sein.
Ich danke dir dafür.
Mit meinen Beinen kann ich stehen und gehen.
Ich danke dir dafür.
Meine inneren Organe spenden mir Kraft, halten mich am Leben.
Ich danke dir dafür.
Gott, du hast mir Atem gegeben.
Mit meinem Atmen bin ich mit dir und mit allem, was lebt, verbunden.
Ich danke dir dafür. Amen.

7.3. Wohltuende Berührung

7.3.1. Segnung

Was geschieht, wenn ich einen Menschen segne? Ich wende mich einem Menschen zu, hoffe für ihn, bitte für ihn. Eine Segnung wird erfahren als Zufluss von Kraft.

Drei Kräfte werden in der Handlung des Segnens gebündelt:

- Die Kraft des Wünschens des Segnenden,
- die Kraft der Sehnsucht des zu Segnenden,
- die Kraft Gottes, die von beiden erhofft und erbeten wird.

Eine Segenshandlung geschieht wiederum in drei Dimensionen:

- *Die verbale Dimension:*

Segnen bedarf der Worte, ist Zuspruch. Es wird etwas zum Ausdruck gebracht- ein Wunsch, Hoffnung und Zuversicht.

- *Die körperliche Zuwendung:*

Segnen geht oft mit Berührung, mit Handauflegung, mit einer Geste einher. Das deutsche Wort Segnen kommt vom lateinischen „signum“, das bedeutet Zeichen. Seit dem frühen Mittelalter wurde das Segnen meist mit dem Kreuzzeichen verbunden, das auf Hände oder Stirn des zu Segnende gezeichnet wird.

- *Die theologische Dimension:*

Segnen ist zugleich Gebet, Bitte zu Gott, Erwartung von Heil und Hilfe. Es setzt die Vorstellung eines barmherzigen Gottes voraus. Segnen bedeutet Berührung mit dem Heiligen.

Segnen ist ein heilsames Ritual. Durch das Segnen werden positive Bilder wach gerufen, Bilder einer liebevollen Zuwendung, Bilder von einem beistehenden Gott, Bilder von einer alle negativen Erfahrungen überspannenden Geborgenheit. Diese Bilder tun etwas mit einem Menschen. Sie verbinden sich mit positiven Emotionen. Sie stärken das Gefühl, mit Krankheit, Angst und Schmerz nicht allein zu sein, eingebunden zu sein. Dies wiederum stärkt die innere Widerstandskraft.
Das Segnen kann einen Perspektivenwechsel bewirken. Der Blick wird weggelenkt von den schweren Erfahrungen hin zum Aussichtsvollen, zu den guten Möglichkeiten, die ja meist gegeben sind. Hoffnung wird geweckt, nicht unbedingt die Hoffnung auf Genesung oder Lösung aller Probleme, aber die Hoffnung auf einen guten Weg. Das schafft Entlastung.
Der Zuspruch von Segen ist Ermutigung. Er setzt an bei den Erfahrungen, die einem Menschen zugemutet werden. Diese werden nicht „weggebetet“. Vielmehr wird mit dem Segen erbeten, dass Gott seine Kraft dazutut. So gibt die Segnung einen Impuls gegen das Gefühl von Ohnmacht und Hilflosigkeit. Sie ermutigt, die eigene Kraft zu spüren und auf den göttlichen Beistand zu vertrauen, sich mit „vereinten Kräften“ dem Leben zuzuwenden.

Eine Segenshandlung

Ermächtigung
Wenn Sie es möchten, würde ich Ihnen ein Segenswort zusprechen und Sie segnen.

Hinführung
Segen ist eine Kraft, die uns von Gott zufließt, die uns stärkt, die uns trösten und zuversichtlich machen kann.
Segen ist guter Wunsch und Zuspruch, den wir einander weitergeben können.
Segen ist auch Lebensenergie, die wir in uns spüren können, die uns ermutigt und aufrichtet.
So möchte ich Ihnen Segen zusprechen und Ihnen dabei meine Hand auflegen/ das Kreuzeichen auf Stirn und Hände zeichnen.
Die Segensworte sind so vielfältig wie unsere Sehnsucht, wie unser Wünschen und Hoffen.
Es gibt einen Segen der Zuversicht, der Geborgenheit, der Stärkung, der Hoffnung, Zuspruch der Barmherzigkeit, der Vergebung…
Mit welchem Segen möchten Sie gesegnet sein?
Wofür brauchen Sie ganz besonders den Zuspruch und Segen Gottes?

Segenshandlung
Durch Berührung, Auflegen der Hand kommt ein engerer Kontakt zu dem Menschen zustande, der gesegnet werden möchte.

So sei gesegnet mit dem Segen….
Es segne dich der dreieinige Gott, Vater, Sohn und Heiliger Geist. Amen.

Mit diesen Worten kann ein Kreuzzeichen angedeutet oder auf Stirn und Hände gezeichnet werden. Letztes ist auch möglich unter Verwendung eines Salböls. So wird die Segenshandlung eindrücklicher erfahren.

Sendung
Gehe deinen Weg gestärkt und mit Zuversicht. Gott sei mit dir. Amen.

Segensworte

Mit der Segnung kann ein besonderes Anliegen des Menschen verbunden sein, der gesegnet werden möchte. Folgende biblische Segensworte lassen sich einem „Thema“ zuordnen:

- Barmherzigkeit

Sei gesegnet mit dem Segen der Barmherzigkeit.
Gott, der reich ist an Barmherzigkeit, schenke dir den ganzen Reichtum seiner Gnade und Liebe durch seine Güte. (nach Epheser 2, 4+7)

- Bewahrung

Sei gesegnet mit dem Segen der Bewahrung.
Gott sei deine Zuflucht, dass dir nichts Böses widerfährt.
Seine Engel mögen dich behüten auf allen deinen Wegen.
Sie mögen dich auf Händen tragen, dass du deinen Fuß nicht an einen Stein stößt.
So bewahre und behüte dich Gott. (nach Psalm 91,9-12)

- Dankbarkeit

Sei gesegnet mit dem Segen der Dankbarkeit.
Es ist erfüllend, Gott zu danken, ihm zu singen,
am Morgen von seiner Gnade und am Abend von seiner Wahrheit.
Gott schenke dir ein dankbares und fröhliches Herz. (nach Psalm 92,2+3)

- Frieden

Sei gesegnet mit dem Segen des Friedens.
Unser Gott des Friedens wird mit dir sein.
Gottes Friede, der höher ist als alle Vernunft, bewahre dein Herz und deine Sinne in Jesus Christus. (nach Philipper 4, 9+7)

- Geduld

Sei gesegnet mit dem Segen der Geduld.
Möge es dir geschenkt sein, Geduld zu haben, auf die Hilfe Gottes zu hoffen.
Möge dir die Kraft zufließen, dass du deine Last tragen kannst.
Wenn dich Gott auch betrübt hat, so wird er sich auch wieder erbarmen nach seiner großen Güte. (nach Klagelieder 3, 26+27+32)

- Heil

Sei gesegnet mit dem Segen des Heils.
Der Gott des Heils sei mit dir.
Er heilt, die zerbrochenen Herzens sind.
So heile er deine Wunden und richte dich auf in deiner Not.
(nach Psalm 147,3+6)

- Hoffnung

Sei gesegnet mit dem Segen der Hoffnung.
Mögest du festhalten an deiner Hoffnung. Sie macht dich stark.
Gott der Hoffnung erfülle dich mit Freude und Frieden im Glauben, dass du immer reicher werden kannst an Hoffnung durch die Kraft des Heiligen Geistes.
(nach Jesaja 30,15 und Römer 15,13)

- Lebenskraft

Sei gesegnet mit dem Segen der Lebenskraft.
Der Gott des Lebens stärke dich. Er sei deines Lebens Kraft, dass du dich nicht ängstigen musst.
Er sei dir Quelle, aus der du Kraft und Leben schöpfen kannst.
(nach Psalm 27, 1 und Psalm 36, 10)

- Stärke

Sei gesegnet mit dem Segen der Stärke.
Gott hat zugesagt: Meine Kraft ist in den Schwachen mächtig.
Er wende sich dir zu und stärke dich mit seiner Kraft und helfe dir auf.
Er stehe dir bei. (nach 2. Korinther 12,9 und Psalm 86,16+17)

- Zuversicht

Sei gesegnet mit dem Segen der Zuversicht.
Gott sei deine Zuversicht und Stärke.
Er sei bei dir Hilfe in aller Not, in allem, was dich getroffen hat.
Wenn auch alles ins Wanken gerät, fürchte dich nicht. Gott wird bei dir sein. (nach Psalm 46, 2+8)

Ein Morgensegen

Ich kann Segen auch für mich selber erbitten, mir selber Segen zusprechen. Dabei kann ich meine Hände gebrauchen, sodass Körper und Seele gleichermaßen angesprochen sind. Mit diesem Segen lässt sich ein neuer Tag beginnen.

Bewegung

1. *Ich lege beide Hände auf meine Brust.*
2. *Ich strecke meine Hände noch oben.*
3. *Ich führe meine Hände über meinen Kopf zusammen,*
   lasse sie liebevoll über Kopf und Schultern gleiten.

Worte

1. *Gott segne und behüte mich an diesem Tag.*
2. *Sein gütiger Blick ruhe auf mir und erfülle meine Seele mit Licht und Kraft.*
3. *Er lasse sein warmes Licht leuchten über mir und gebe mir Frieden.*

7.3.2. Salbung

Eine besondere Form des Segnens ist die Salbung. In der Bibel begegnen uns vielfältige Anwendungen von Salbölen:

- Sie dienten der Körperpflege.
  „So bade dich und salbe dich." (Ruth 3,3)
- Sie wurden zur Wundbehandlung eingesetzt.
  „Ein Samariter aber... ging zu ihm, goss Öl und Wein auf seine Wunden." (Lukas 10, 34)
- Propheten und Könige wurden gesalbt.
  „Da nahm Samuel ein Ölhorn und salbte ihn (David)." (1.Samuel 16,13)
- Salbung war ein Zeichen der Gastfreundschaft und Ehrerbietung.
  „Sie küsste seine Füße und salbte sie." (Lukas 7,38)
- Kranke wurden gesalbt.
  „Ist jemand unter euch krank, der rufe die Ältesten der Gemeinde, dass sie über ihm beten und ihn mit Öl salben im Namen des Herrn." (Jakobus 5,14)
- Tote wurden gesalbt.
  „Maria von Magdala und Maria, die Mutter des Jakobus, und Salome kauften wohlriechende Öle, um hinzugehen und ihn (Jesus) zu salben." (Markus 16,1)

In der Tradition der Kirche ist der Ritus der Krankensalbung bewahrt geblieben. Das Salböl wird aber weniger als Medikament oder Medium zur Heilbehandlung angesehen. Vielmehr ist die Salbung ein Ausdruck liebevoller Zuwendung. Salbungen verbunden mit dem Zuspruch des Segens finden aber auch in Gottesdiensten statt. Die zarte Berührung symbolisiert die Nähe und Wertschätzung Gottes, die Verbundenheit mit ihm.
Bei einer Salbung finden aromatische Öle Anwendung. Der Geruchssinn wird am Geschehen beteiligt. Der Zuspruch und die körperliche Berührung werden noch intensiver erlebt.

Eine Form der Krankensalbung

Gruß
Im Namen des Vaters, des Sohnes und des Heiligen Geistes. Amen.
Der Friede des Herrn sei mit dir.

Psalm
Dennoch bleibe ich stets an dir,
denn du hältst mich bei meiner rechten Hand,
du leitest mich nach deinem Rat
und nimmst mich am Ende mit Ehren an.
Wenn ich nur dich habe,
so frage ich nicht nach Himmel und Erde.
Wenn mir gleich Leib und Seele verschmachteten,
so bist du doch, Gott,
allezeit meines Herzens Trost und mein Teil. *Psalm 73, 23-26*

Hinführung
Schon in alter biblischer Zeit wurden Menschen gesalbt,
Könige, um ihnen Würde und Ehrerbietung zu zeigen,
Propheten als Zeichen der Verbundenheit mit Gott,
kranke Menschen, um sie zu ermutigen und zu trösten, um ihre Heilung zu fördern.

Im Namen Jesu Christi möchte ich jetzt für Sie beten und Sie mit dem Öl salben. So vertraue ich Sie, liebe(r) Frau/ Herr .... der Gnade und der Kraft Gottes an.

Gebet
Gütiger Gott, Vater im Himmel, so befehle ich dir Frau/ Herrn .... an. Lass sie/ ihn spüren, dass du in aller Angst und allem Schmerz bei ihr/ ihm bist. Sei mit den Angehörigen, die sich um sie/ ihn sorgen.
(Schenke Frau/ Herrn .... ,wenn du ihren/ seinen Weg hier vollenden willst, die Kraft loszulassen und sich ganz deiner Gnade anzuvertrauen.)
Lass nun dieses Öl, die Salbung zu einem Zeichen deiner heilenden und rettenden Kraft werden. Amen.

Salbung
Dieses Öl ist Zeichen für das Heil, für die Würde, die Gnade und Liebe, die Gott uns schenkt.
So zeichne ich dich mit dem Zeichen des Kreuzes.
(auf die Stirn und nach Möglichkeit in die Hände)

Segnung
(mit Auflegung der Hand auf Hände oder Schulter oder Kopf)
Es segne dich der barmherzige Gott, der Vater, der Sohn und der Heilige Geist. Er schenke dir seinen Frieden. Amen.

Vater unser
Vater unser im Himmel, geheiligt werde dein Name.
Dein Reich komme. Dein Wille geschehe, wie im Himmel so auf Erden.
Unser tägliches Brot gib uns heute.
Und vergib uns unsere Schuld,
wie auch wir vergeben unsern Schuldigern.
Und führe uns nicht in Versuchung, sondern erlöse uns von dem Bösen.
Denn dein ist das Reich und die Kraft und die Herrlichkeit in Ewigkeit. Amen

Sendung
Bleiben Sie behütet und geborgen. Gott stärke Sie und gebe Ihnen seinen Frieden. Amen.

7.4. Meditation und Kontemplation

Meditation bedeutet Nachsinnen. Sie ist eine spirituelle Übung, die in den meisten Religionen beheimatet ist. In den unterschiedlichen religiösen Traditionen haben sich auch sehr unterschiedliche Formen der Meditation herausgebildet. So gibt es Achtsamkeitsübungen, meditative Atemtechniken, Tanz- und Bewegungsmeditationen. Im Yoga sind bestimmte Körperhaltungen, in daoistischer Tradition sind Kampfposen Mittel meditativer Versenkung. Aber auch Worte, symbolhafte Bilder oder Gegenstände können in den Zustand innerer Ruhe und tiefer Betrachtung führen.
Ein anderer Begriff, der gemeinsame Schnittflächen mit dem der Meditation hat, ist die Kontemplation. „Con" bedeutet im Lateinischen „gemeinsam oder auch umfassend" und „templum" Tempel, heiliger Raum. Kontemplation bedeutet also „in den heiligen Raum treten, sich Gott nähern". Sie ist im Grunde eine stille und gegenstandslose Meditation.

Im Christentum wurden beide Formen, die der Meditation und der Kontemplation bewahrt. Sie sind dem Gebet sehr ähnlich. Besonders von den Mystikern wurde die meditative Betrachtung gepflegt. Sie ist ein Innehalten vor Gott. Gott wird als ein Gegenüber gesehen oder als innewohnende Kraft. Es kommt aber weniger zu einem Dialog zwischen Gott und dem

Meditierenden, vielmehr zum Loslassen aller Gedanken und Wünsche, zu einem Auflösen aller inneren Bewegung in der Stille vor Gott.

In früher kirchlicher Tradition führten auch ikonenhafte Abbildungen von Heiligen in die Meditation. Im Mittelalter waren Andachtsbilder verbreitet. Sie dienten der inneren Einkehr. Die großen gotischen Kathedralen hatten vielfach im Eingangsbereich Bodenlabyrinthe, die wohl auch dem meditativen Gehen oder Tanzen dienten. In einer Handschrift des Kapitels von Auxerre aus dem Jahr 1396 wird ein Ostertanz beschrieben, wonach sich die Gemeinde um das Labyrinth versammelte, während sich der Priester auf den Wegen des Labyrinths tanzend fortbewegte.[84]

Der Psychologe Harald Piron hat sich wissenschaftlich mit dem Phänomen der Meditation befasst und ein Konzept der transpersonalen Verhaltenstherapie entwickelt. Er versucht damit, spirituelle Praktiken der christlichen Mystik oder auch der fernöstlichen Meditation aufzugreifen und diese für die Psychotherapie nutzbar zu machen. Er wertete meditatives Textmaterial aus. In einer Studie befragte er vierzig MeditationslehrerInnen aus verschiedenen Religionen und entdeckte erstaunlich viele Gemeinsamkeiten im Vollzug des Meditierens. Die Meditation bewirkt eine ruhige und ausgeglichene Atmung. Sie macht es möglich, Gedanken loszulassen, abzuschalten. Sie führt zu einem Gefühl von Leichtigkeit und innerem Frieden, zu einer Klarheit und Wachheit. Sie weitet das Bewusstsein und öffnet es für Transzendenzerfahrungen. Sie trägt zum Wohlbefinden des Meditierenden bei.[85]

Die folgenden Beispieltexte sind im eigentlichen Sinn keine Meditationen. Sie können bestenfalls ins Meditieren hineinführen bzw. es vorbereiten.

Eine Atem-Meditation nach Nikolaus von Flüe (1417-1487)

Ich atme	
aus	*ein,*
aus	*ein.*
Mein Herr,	*mein Gott.*
Nimm mich mir,	*gib mich ganz zu Eigen dir.*
Nimm von mir,	*was mich hindert zu dir.*
Gib alles mir,	*was mich bringt zu dir.*[86]

[84] www.sankt-bonifatius-seeheim-jugendheim.de
[85] Piron: Transpersonale Verhaltenstherapie. S. 89 ff.
[86] www.bruderklaus.com

Stillemeditation nach Psalm 62,2

Meine Seele ist still.
Was mich beschäftigt und bewegt, lasse ich los.
Ich schweige,
weil jeder Laut zu laut ist,
weil meine Klage zu kläglich ist,
weil, was ich sagen will, unaussprechlich ist.
Alle Gedanken lösen sich auf in der Stille.

Meine Seele ist stille vor Gott.
Ich schweige – zu Gott.
Ich schweige – mit Gott.
In der Stille bin ich mit ihm verbunden.

Meine Seele ist stille in allem, was mich umgibt.
Ich schweige mit der Abenddämmerung.
Ich schweige mit der Ruhe der Nacht.
Ich schweige mit dem Leuchten der Sterne.
Ich schweige mit der Frische des Morgens.
Ich schweige mit dem Aufgang der Sonne.
Ich schweige mit dem Blau des Himmels.
Ich schweige mit dem Dahinziehen der Wolken.
Ich schweige mit Wiesen und Feldern.
Ich schweige mit all den Blumen, Bäumen und Sträuchern.
Ich schweige mit dem Licht und allen Farben.
Ich schweige mit der Weite des Horizonts.
Ich schweige mit der Unendlichkeit des Alls.
In der Stille bin ich mit allem verbunden.

Meine Seele ist still.
In der Stille bin ich geborgen.
In der Stille kann ich aufatmen.
In der Ruhe liegt die Kraft.
Aus der Stille zu Gott kommt mir Hilfe.

Eine Meditation zur Vergegenwärtigung
nach 2. Korinther 6, 2

„Siehe, jetzt ist die angenehme Zeit, jetzt ist der Tag des Heils."

Ich lebe jetzt, in diesem Augenblick.
Ich muss jetzt nicht an gestern denken.
Ich muss jetzt nicht für morgen sorgen.
Jetzt bin ich hier, lasse alle Gedanken los,
die innere Unruhe,
alle Unzufriedenheit,
alles was mich antreibt,
alles, was mir schwer geworden ist.
Jetzt kann ich alles loslassen, abgeben, ruhen lassen.
Jetzt darf alles still stehen.

Jetzt ist die Zeit der Stille, angenehme Zeit,
Zeit für mich,
Zeit für die Seele,
Zeit zum Atemholen,
Zeit zum Aufatmen,
Zeit zum Auftanken,
Zeit zum Heilwerden.
Jetzt ist die angenehme Zeit, jetzt ist der Tag des Heils.

Baummeditation nach Psalm 1,3

Ich bin wie ein Baum.
Ich stehe fest, bin tief verwurzelt im Boden. Das gibt mir Halt.
Gleichzeitig bin ich ausgestreckt zum Himmel.
Ich kenne fruchtbare und ich kenne dürre Zeiten.
Ich kenne Unwetter und Stürme; ich bin an ihnen nicht zerbrochen.
Ich kenne Kälte und Belastungen; ich habe standgehalten.
Ich konnte wachsen, grünen und aufblühen.
Ich konnte mich so oft in den warmen Strahlen der Sonne wiegen.
Ich konnte im frischen Wind Atem holen.
Ich musste auch manches loslassen, fallen lassen.
Aber die Kraft des Lebens war immer in mir.
Ich bin wie ein Baum.
Was hat mich genährt? Woraus konnte ich Kraft ziehen?
Wie konnte ich den Stürmen des Lebens widerstehen?

Im Psalm 1 heißt es:
Wem die Worte von Gott zur Kraftquelle werden,
der kann sich fühlen wie ein Baum,
der am Wasserlauf steht,
der Früchte hervorbringt,
dessen Blätter nicht welken.

7.5. Heilvolle Vorstellungen - Imagination

Die Imagination ist wohl die älteste Behandlungsmethode seelischer Kränkungen. Der Begriff Imagination leitet sich vom lateinischen „imago" ab, was Bild oder bildliche Vorstellung bedeutet. Schon in den biblischen Texten finden sich heilvolle Bilder und Visionen, die geeignet waren, Menschen zu ermutigen und zu trösten. Wie oft ist in der Bibel die Aufforderung „Siehe/ Seht" zu lesen, die in der Regel dazu einlädt, mit den „inneren Augen", mit den Augen der Hoffnung zu sehen.
Der Arzt und Philosoph Paracelsus (1260-1329) schätzte die heilsame Wirkung der positiven Vorstellungskraft. Er bezeichnete die Imagination als die „Sonne in der Seele" des Menschen, die die dunklen Gedanken zu vertreiben vermag. Sie sei ein Werkzeug des Geistes, mit dem er sich auch körperlicher Erkrankung widersetzen kann.[87] Heute finden imaginative Methoden besonders in der Traumatherapie Anwendung.

Wie kann ich innere Bilder in mir wachrufen? Wir haben einen großen Reichtum an Bildern und Vorstellungen in uns, ohne uns dessen immer bewusst zu sein. Unsere Sprache ist verknüpft mit bildlichen Vorstellungen. Wenn wir z.B. an einen Menschen denken, sehen wir nicht seinen Namenszug, sondern seine ganze Erscheinung vor uns, sein Gesicht, seine Mimik, seine Körperhaltung. Wir sprechen auch häufig in Bildern: „Mir geht ein Licht auf." „Ich bin hier auf dem richtigen Dampfer." „Mir fällt ein Stein vom Herzen." Das bedeutet: Wir sind eigentlich ziemlich geübt im Imaginieren. Es fällt uns nicht besonders schwer, uns etwas vorzustellen, was wir gar nicht vor Augen haben. Ich kann mir z.B. vorstellen, dass ich jetzt irgendwo an einem Naturstrand in der Sonne liege, das Rauschen des Meeres höre und den Augenblick genieße.
Unsere Vorstellungskraft führt uns aus bedrückenden Umständen heraus in eine Welt der angenehmen Bilder. Damit ändern sich die Umstände nicht. Aber sie bedrücken mich nicht dauerhaft. Ich kann für Momente aufatmen. Ich fühle mich nicht mehr so hilflos ausgeliefert. Ich kann dem

---

[87] Reddemann: Trauma und Imagination. S. 2

Bedrückenden aktiv etwas entgegensetzen. Wenn ich mir z.B. vorstelle, dass es Helfer für mich gibt, dass Gott auf meiner Seite steht oder dass ich mich wie das tapfere Schneiderlein den „riesigen" Herausforderungen gegenüber behaupten kann, werde ich mir der eigenen Kraft bewusst.
Heilvolle Bilder sind wohltuend. In der Bibel lassen sich häufig Einladungen finden, mit den heilvollen Vorstellungen über den eigenen Horizont hinaus zu denken.

Reise in die Bilderwelt des 23. Psalms

Ich schließe meine Augen und lasse mich mitnehmen auf eine Gedankenreise.
Sie führt mich in die Welt biblischer Bilder. Es sind Bilder der Geborgenheit, der Behutsamkeit Gottes.
Diese Bilder dürfen nun Raum in mir haben:

Vor mir liegt eine grüne Aue.
Ich sehe das saftige Gras, die bunten Blumen, rieche ihren Duft.
Was für ein herrlicher Ort.
Ich fühle mich frei und zugleich geborgen, kann aufatmen, durchatmen.
Ich spüre: Es ist einer da, der mich behütet, der mich versorgt.
Ich werde keinen Mangel haben.
Es ist einer da, der mir zeigt, wo ich meinen Durst löschen kann.
Er führt mich zu den Quellen, aus denen erfrischendes, lebendiges Wasser sprudelt.
Meine Seele lebt auf, kann sich stärken und erquicken.
Es ist einer da, der mit mir geht. Wie gut ist diese Erfahrung.
Sein Name ist: „Ich bin da".
Er führt mich auf rechter Straße.
Wenn ich zurückschaue, kann ich sagen: Es war alles gut so. Es waren richtige Wege, die ich gegangen bin.
Wenn ich zurückschaue, sehe ich auch die schwierigen Wegstrecken, die dunklen Täler, durch die ich hindurch musste.
Aber da war ich nicht allein, nicht ohne Schutz, nicht ohne Hilfe, nicht ohne Trost, nicht gottverlassen.
Deshalb kann ich auch ganz zuversichtlich nach vorn schauen, ohne Angst.
Denn der da sagt: Ich bin da, wird mich begleiten, wird mich auch durch dunkle Täler hindurch führen, wird mich stärken, aufrichten und trösten.
Wenn ich so meinen Weg gehe, sehe ich vor mir einen Tisch.
Ich darf Rast machen. Der Tisch ist für mich gedeckt. Ich kann mich setzen, darf verweilen und Ruhe finden.
Was mich beunruhigt und bedrängt, tritt zurück.

Der mich behütet, ist ganz für mich da. Er bewirtet mich. Ich darf sein Gast sein.
Er schenkt mir mein Glas voll ein. Ich kann meinen Durst aufs Neue löschen, kann mich zurücklehnen und den Augenblick genießen.
Der mich begleitet und bewirtet, macht mir noch ein besonderes Geschenk, was Liebende einander schenken: Ein wohlriechendes Öl.
Er salbt mich, wie man Könige gesalbt hat bei ihrer Krönung. So viel Liebe und Wertschätzung bringt er mir entgegen. So viel Würde und Segen spricht er mir zu.
Nun kann ich ganz sicher sein: Der mir so wohl tut, der wird mich nicht verlassen.
Gutes und Barmherzigkeit werden mir folgen mein Leben lang.
Ich darf in seiner Nähe bleiben, geliebt, geborgen und aufgehoben bei ihm, jetzt und allezeit.

Imaginative Reise zur Quelle des Lebens nach Psalm 26,10

Hinführung:
In einem Psalmgebet heißt es:
Bei dir, Gott, ist die Quelle des Lebens.
Ich lade Sie ein zu einem Gedankenspaziergang, auf dem wir diesem Psalmvers nachspüren können. Wenn es Ihnen recht ist, gehen wir gemeinsam.
Ich beschreibe den Weg, spreche langsam, so dass in uns Bilder entstehen können. Sie dürfen ganz entspannt zuhören. Wenn Sie möchten, schließen Sie die Augen.
Die Erfahrungen des heutigen Tages lassen wir zurück. Sie müssen uns jetzt nicht beschäftigen.

Gedankenspaziergang:
Bei dir, Gott, ist die Quelle des Lebens.
Vor uns liegt der Weg, den wir jetzt gemeinsam gehen wollen.
Er ist gerade und glatt. Es ist gut zu laufen.
Er führt über eine herrliche Wiese. Da und dort stehen Sträucher und Bäume.
Die Wiese ist übersät mit Blumen. Was ist das für eine Farbenpracht!
Ein frischer und würziger Duft steigt aus ihr empor. Wir atmen tief ein.
Wir hören auch das Summen der Bienen und das Zwitschern der Vögel.
Es ist ein schöner Tag, den wir für unseren Spaziergang gewählt haben.
Wir genießen den Augenblick und gehen langsam weiter.
Der Weg schlängelt sich hinunter in ein weites Tal.
Die Wiesen sind kräftig grün. Sie werden frischer und saftiger.

Am nahen Horizont sehen wir alte Weiden. Die Sonne blinzelt durch die silbrigen Blätter.
Von weitem hören wir ein leises Rauschen und Plätschern.
Wir gehen einige Schritte weiter und entdecken eine Quelle.
Kühles, frisches Wasser sprudelt über die rund geschliffenen Steine. Es ist klar und sauber.
Wir beugen uns herunter, schöpfen mit der rechten Hand und nehmen einen kräftigen Schluck vom frischen Wasser. Wie gut es tut! Es weckt die Lebensgeister.

Gott, bei dir ist die Quelle des Lebens, die Quelle, die mein Leben stärkt,
die Quelle, die den Durst meiner Seele löscht, aus der mir neue Kraft zufließt.

Wir verweilen noch einige Augenblicke an der Quelle, lauschen dem Sprudeln und Gurgeln.
Dann machen wir uns auf und gehen den Weg zurück, gestärkt und erfrischt,
bis wir hier wieder ankommen.

Der weite Blick auf das Leben

Im Alten Testament wird die Geschichte von Mose erzählt, der das Volk Israel aus Ägypten durch Schilfmeer und Wüste zum Land der Vorfahren führte.
Er selbst konnte das verheißene Land nicht mehr betreten. Er war alt geworden und schwach. Gott führte Mose auf einen hohen Berg. Von der Höhe aus konnte er das ganze weite Land überblicke. Er sah den langen Weg, den er mit den anderen zurückgelegt hatte, noch deutlicher aber das Land, nach dem sich alle sehnten, das sich nun greifbar nahe vor ihm auftat. Sein Lebensziel war erreicht. Dankbar und voller Zuversicht konnte er sein Volk weiterziehen lassen. (nach 5. Mose 34, 1-4)

Stellen Sie sich einmal einen so hohen Berg vor,
von dem aus Sie Ihr ganzes Leben überblicken können,
die Wege, die hinter Ihnen liegen.
Was tut sich da für ein weiter Blick auf?
Was für eine Fülle von Erfahrungen kommt da in Erinnerung?
Was haben Sie alles erreicht?
Wo haben Sie Gottes Hilfe erfahren?
Wofür können Sie dankbar sein?

Und dann schauen Sie einmal nach vorn, in die Weite der Zukunft.

Auch da tut sich eine weite, unüberschaubare Landschaft auf.
Da ist der eigene Weg. Da sind die Wege der anderen,
die Sie begleitet haben, Wege Ihrer Kinder und Enkelkinder.
Was haben Sie Ihnen alles mit auf ihren Weg geben können?
Was macht Sie zuversichtlich und dankbar?

(Mose konnte den Weg nicht mehr mitgehen. Aber der Weg, auf dem er seine Angehörigen geführt und geleitet hatte, ging weiter. Seine Liebe ging mit ihnen. Seine Weisheit haben sie in ihrem Herzen bewahrt.)

Lichtimagination nach Psalm 27,1 und Psalm 4,7

Der Herr ist mein Licht und mein Heil,
vor wem sollte ich mich fürchten?
Der Herr ist meines Lebens Kraft,
vor wem sollte mir grauen?
Herr, lass leuchten über uns das Licht deines Antlitzes.

Die Worte der Bibel wollen uns ermutigen.
Sie wollen uns helfen, Angst abzulegen und zurückzulassen.
Sie wollen uns helfen, so vieles, was unser Leben betrübt, überschattet und dunkel macht, hell werden zu lassen.
Ich lade Sie ein, auf ein solches Wort gegen Dunkelheit und Angst zu hören, sich dafür zu öffnen, Kraft und Mut daraus zu schöpfen:

Der Herr ist mein Licht und mein Heil,
vor wem sollte ich mich fürchten?
Der Herr ist meines Lebens Kraft,
vor wem sollte mir grauen?

Der Herr ist mein Licht.
Stellen Sie sich dieses Licht, das von Gott ausgeht, einmal vor.
Schließen Sie dabei ruhig die Augen.
Was ist das für ein Licht?
Welche Farbe hat es?
Ich glaube, es ist ein warmes, wohltuendes Licht,
ein heilsames Licht,
ein Licht, was die Dunkelheit vertreibt,
alle Angst, alle dunklen, belastenden Gedanken,
alles, was traurig macht und bedrückt.
Es ist ein Licht voller stärkender Lebenskraft,

Licht von Gott, gute Ausstrahlung, heilsame Kraft von Gott.
Stellen Sie sich vor, dass Sie mit allem, was lebt,
im Schein dieses warmen und heilsamen Lichtes stehen,
dass Sie sich für diese warmen, heilsamen Strahlen öffnen können
und das Licht Ihren Körper wunderbar durchströmt.
Vielleicht können Sie an den verschiedenen Regionen Ihres Körpers die warmen Strahlen spüren,
im Nacken, in den Schultern,
im ganzen Rücken,
in der Bauchregion, in Armen und Beinen,
überall dieses Licht, die wärmenden Strahlen.
Vielleicht merken Sie auch, wie sich Ihr Körper entspannt,
wie sich Angst und Spannungen lösen.
Wo das Licht hinströmt, da hat Angst und Dunkelheit keinen Raum.
Wo das Licht hinströmt, kann etwas heil werden.
Wo das Licht hinströmt, kehrt angenehme Ruhe und Wohlbefinden ein.
Wo das Licht hinströmt, kann neue Kraft, neuer Mut, kann Vertrauen wachsen.

Der Herr ist mein Licht und mein Heil,
vor wem sollte ich mich fürchten?
Der Herr ist meines Lebens Kraft,
vor wem sollte mir grauen?

Verweilen Sie ruhig noch einige Augenblicke in der Vorstellung,
dass dieses Licht von Gott Sie durchströmt und umfängt,
Sie stärkt und ermutigt.

Und dann kommen Sie langsam in Ihren Gedanken wieder zurück, hier in diesen Raum.
Atmen Sie tief durch.
Öffnen Sie die Augen und sind dann wieder ganz hier.

Diese Übung möchte ich schließen mit einen Bittruf zu Gott, mit einem Psalmvers:
Herr, Gott lass leuchten über uns das Licht deines Antlitzes. (Psalm 4,7)

Gedankenflug zum Sehnsuchtsort
nach Psalm 55, 7

Ach, hätte ich Flügel wie Tauben, dass ich davonflöge und Ruhe fände.

Hinführung:
In einem Psalmgebet (Psalm 55) klagt ein Mensch Gott sein Leid:
„Mein Herz ängstigt sich.
Furcht und Zittern ist über mich gekommen."
Aber dann bricht er einfach aus seinen schweren Gedanken und wandelt seine Klage in Sehnsucht.
„Ach, hätte ich Flügel wie Tauben, dass ich davonflöge und Ruhe fände."

Wie wäre das, wenn Sie sich Flügel leihen könnten?
Wir können es nicht wirklich, aber mit unseren Gedanken können wir fliegen.
Unsere Fantasie hat Flügel.
Ich lade Sie ein zu einem Gedankenflug.
Wenn Sie möchten, schließen Sie die Augen.
Versuchen Sie alles loszulassen, was Sie im Moment beschäftigt.
Fliegen heißt, sich leicht machen, Lasten abwerfen.

Gedankenflug (langsam und meditativ zu lesen):
Ich mache mich ganz locker und leicht.
Was mich belasten könnte, lasse ich jetzt einfach los. Es muss mich jetzt nicht beschäftigen.
Wie fühlt sich das an, wenn ich alles abwerfe, was beschwert?
Ich spüre die Leichtigkeit.
Sie hebt mich. Sie trägt mich. Sie lässt mich frei atmen.
Nun entscheide ich, ob ich in meinem Gedankenflug ganz hoch fliegen möchte wie ein Vogel, so dass ich alles überblicken kann,
oder ob ich am Boden nur so leicht dahingleite wie auf einem weichen Teppich.
Wohin möchte ich fliegen?
Was wäre so ein Ort, nach dem ich mich sehne,
ein Ort, wo ich mich wohl fühlen kann?
Ich lande ganz sanft an diesem Ort, schau mich um.
Was sehe ich?
Was lässt mich hier aufatmen?
Was tut mir gut?
Ich verweile mit meinen Gedanken an diesem Sehnsuchtort.
Ich genieße die wohltuenden Vorstellungen.

Ich nehme die angenehmen Bilder mit wie Urlaubsfotos, die ich immer wieder einmal anschauen kann. Ich bewahre sie in meinem Herzen.
Ich bewahre mir auch die Leichtigkeit.
Nun atme ich noch einmal tief ein und aus und gehe mit meinen Gedanken zurück, hierher an diesen Ort, in diesen Raum.
„Ach Gott, gib mir Flügel, dass ich davonfliegen kann wie eine Taube und Ruhe finde."

Nun öffnen Sie wieder Ihre Augen.
Wenn Sie möchten, strecken Sie sich, atmen Sie tief durch, so wie es Ihnen gut tut.

Gartenimagination

Einführung:
Die Mystikerin Teresa von Avila sagte: Unsere Seele ist wie ein Garten.
Für mich ein schöner Vergleich, eine wohltuende Vorstellung.
Ich lade Sie jetzt ein zu einem Gedankenspaziergang durch einen „fantastischen" Garten. Ich werde Sie dabei begleiten.
Vielleicht entstehen in Ihnen angenehme Bilder, Vorstellungen, wie Ihr eigener Seelengarten aussehen könnte. Wenn Sie möchten, können Sie die Augen schließen. Sie brauchen nichts weiter zu tun als den Worten, die ich spreche, zu folgen.

Wir gehen auf ein kleines Gartentor zu, schließen es auf, gehen hindurch und schon stehen wir in einem wunderschönen Garten. Er ist wie eine Oase. Alles grünt und blüht. Es tut gut, hier zu sein, tief durchzuatmen, sich umzuschauen.
Was für eine Vielfalt an Blumen, Bäumen und Sträuchern.
Was für eine Vielfalt an Farben.
Was für ein Reichtum, so ein üppiger Garten. Ein Ort der Ruhe, der Besinnung.
Der Garten - ein Bild für meine Seele.

Ich überlege:
Was sind meine Lieblingsblumen, was sind meine Lieblingsfarben?
Wenn meine Seele wie ein Garten ist, wie sieht dieser Garten aus?
Wie groß ist die Vielfalt?
Was könnte da alles wachsen, grünen und aufblühen?
Gibt es „Seelenpflanzen" die sich besonders üppig entfalten konnten?
Gibt es Pflanzen, die besondere Aufmerksamkeit und Sorgfalt brauchen?

Gibt es Pflanzen, die bisher nicht so gut gedeihen konnten, die sich aber auch entfalten wollen?
Gibt es Pflanzen, die ich gern durch andere ersetzen möchte?
Gibt es „Sehnsuchts- und Wunschpflanzen" die ich gerne in meinem Seelengarten hätte?

Ich schaue mich noch einmal in dem Garten um.
Was ist da noch zu entdecken?
Eine Bank zum Verweilen?
Eine Laube, die Schutz bietet?
Eine Skulptur?
Eine Wasserstelle?
Ich sehe einen alten Brunnen vor mir. Aus dem lässt sich Wasser schöpfen. Jeder Garten lebt davon, dass er gut bewässert wird. Gut, dass genügend Wasser da ist.

Ich überlege:
Aus welchen Quellen schöpfe ich?
Aus welchen Quellen kann ich meinen Seelengarten bewässern, sodass der Durst meiner Seele gestillt wird?
Was tut meinen Seelenpflanzen gut, dass sie aufblühen?

Unsere Seele ist wie ein Garten,
ganz individuell, einmalig, prächtig und schön.
Und immer wieder kann ich darin arbeiten, ihn pflegen, begießen, gestalten.

Mit meinen Gedanken gehen wir jetzt zurück. Wir schließen das kleine Gartentor hinter uns zu. Aber ich weiß, wir wissen: Der schöne Garten ist da. Ich kann ihn in Gedanken jederzeit wieder aufsuchen.

Imaginäre Helfer

In der ressourcenorientierten Psychotherapie wird Patienten, die sich oft hilflos, ängstlich und schutzlos fühlen, empfohlen, sich „innere Helfer" zu suchen[88]. Gemeint ist damit die Vorstellung von hilfreichen Wesen, die einem in der Not zur Seite stehen. Kinder haben mit solchen Vorstellungen keine Mühe. Da gibt es Elfen, gute Feen, freundliche Zwerge, gute Geister, „lebendige" Plüschtiere, die Angst und Einsamkeit vertreiben, die trösten können. Erwachsene sind eingeladen, mit dieser ursprünglichen, kindlichen

---

[88] Beushausen: Ressourcenorientierte stabilisierende Intervention. S.300

Weisheit in Verbindung zu treten, dem Leben trotz aller Widrigkeiten zu trauen. Wenn Jesus sagt: „Werdet wie die Kinder“, meint er vielleicht dieses Urvertrauen.
Nun gibt es in der christlichen Tradition eine große Auswahl von Helferpersönlichkeiten. Hunderten von Heiligen wurde die Aufgabe zugedacht, Menschen zu schützen, ihnen in Schwierigkeiten beizustehen. Die „Vierzehn Nothelfer“ können in besonderer Bedrängnis angerufen werden. Luther hatte, nachdem er unter Anrufung der Heilige Anna seine Angst in eine neue Lebensperspektive wandeln konnte, die „Heiligen Helfer“ so ziemlich aus seinem Denken verbannt. Er vertraute auf Christus und Gottes Engel. Wie tröstlich und ermutigend diese Vorstellung ist, wird mir deutlich, wenn ich die Bachkantate höre: „Gottes Engel weichen nie.“

Ich möchte Ihnen diesen kleinen Engel/ dieses Bild von einem kleinen Engel auf Ihren Nachttisch stellen.
In einem Psalmgebet tröstet sich ein Mensch mit den Worten:
„Gott hat seinen Engeln befohlen, dass sie dich behüten auf allen deinen Wegen, dass sie dich auf Händen tragen und du deinen Fuß nicht an einen Stein stoßest.“ (Psalm 91, 11+12)
Der kleine Engel steht für diese Worte.
Vielleicht ist es für Sie hilfreich, sich immer wieder vorzustellen, dass Sie nicht alleine sind, dass Gottes Engel um Sie sind.
In einer Kantate von Johann Sebastian Bach wird gesungen: „Gottes Engel weichen nie.“
Mögen Gottes Engel Sie behüten auf allen Ihren Wegen.

ABC des Wohlbefindens

Die Übung lädt dazu ein, mit Hilfe des Alphabets wohltuende Erfahrungen oder Fantasien ins Gedächtnis zu rufen. Damit lernt das Gehirn, Aspekte des Wohlbefindens zu registrieren und die Wahrnehmung von Ressourcen zu bahnen.[89]

Wählen Sie einen beliebigen Buchstaben aus dem Alphabet aus, z.B. F. Überlegen Sie sich dazu vier oder fünf Begriffe oder Erfahrungen, die Ihnen gut tun oder über die sie sich freuen. Zu dem Buchstaben F könnte man folgende Einfälle haben: Fröhlichkeit, Frische, Faulenzen, Freunde, Frühling…[90]

---

[89] Diegelmann: Trauma und Krise bewältigen. S.158
[90] Vgl. Diegelmann ebd.

Die Übung eignet sich auch für Gruppen. Es könnte auch ein „Vokabelheft“ angelegt werden, in dem Einfälle, positive Assoziationen zu jedem Buchstaben notiert werden.

Biografie der angenehmen Ereignisse

Verena Kast hat empfohlen, Patienten zu motivieren, eine sog. „Freudenbiografie“ zu schreiben, um damit an Ressourcen aus unbelasteten Zeiten anzuknüpfen.[91] Möglich wäre auch, den Lebenslauf als „Fluss“ oder „roten Faden“ aufzumalen und die freudigen und beglückenden Ereignisse einzuzeichnen. Solche Übungen sind entspannend, lassen erkennen, dass das Leben eben nicht nur aus Katastrophen, Krankheit und Verlusten besteht.
Sie schulen die positive Wahrnehmung und erschließen individuelle Kraftquellen.

7.6. Mit Symbolen arbeiten

Der Begriff Symbol stammt aus dem Griechischen und bedeutet „etwas Zusammengefügtes“. Ein Symbolon war ein Gegenstand (z.B. ein Siegel, eine Tontafel), der in zwei Teile zerbrochen wurde. Die Hälften dienten als Erkennungszeichen. Bei Verträgen, Geschäftsabschlüssen war derjenige legitimiert, der das richtige Passstück hatte. Die Bruchstücke mussten haargenau zusammenpassen.[92]
Ein Symbol beschreibt also zwei Seiten eines Zusammenhanges. Die eine Seite ist sichtbar, wahrnehmbar. Sie steht aber für etwas Größeres, nicht Sichtbares.
Im religiösen Kontext spielen Symbole eine große Rolle: Die Taube versinnbildlicht den Heiligen Geist, der Fisch ist Symbol für Christus, die Jakobsmuschel Zeichen für den Pilgerweg. Symbole sind wie eine Brücke vom Sichtbaren zum Unsichtbaren, vom Gegenständlichen zum Sinnbildlichen, vom bloßen Betrachten zum transzendenten Verständnis. Sie sind so etwas wie eine Zeichensprache, die etwas Umfassenderes erklären.
Manche Symbole sind ziemlich eindeutig. Jeder ahnt oder weiß, was sie bedeuten. Andere Symbole lassen Spielraum für eigenen Deutungen und Interpretationen. Das Bild eines Baumes z.B. kann die unterschiedlichsten Assoziationen hervorrufen: Ich kann ihn verstehen als Sinnbild für das Leben, als Bild für Verwurzelung, Festigkeit und Halt oder als Bild für das Wachsen und sich Strecken zum Himmel.

---

[91] Ebd. S. 146
[92] Küpper-Popp/ Lamp: Rituale und Symbole… S. 17

Bei der ressourcenorientierten Arbeit mit Symbolen erscheint mir es ertragreicher zu sein, Raum für eigene Interpretationen zu schaffen. Dadurch erschließen sich Zugänge zu den eigenen Ressourcen, z.B. wenn ich beim Betrachten eines Baumes die eigene Verwurzelung spüre, wenn ich überlege, was mir Halt gibt. So gesehen verknüpfen sich die Symbole mit meinen eigenen Erfahrungen und führen mich zu einer größeren Wirklichkeit, für die sie stehen.

Das Band/ die Schnur mit Perlen als Symbol für gute Verbindung

In der Bibel steht der Satz:
Die Liebe ist das Band der Vollkommenheit. (Kolosser 3, 14)

Die Liebe ist wie ein Band.
Sie ist wie eine unsichtbare Schnur, die uns mit anderen verbindet.
Ich habe hier eine Schnur.
Wenn Sie mögen, nehmen Sie sie in Ihre Hände.
Sie ist fest. Sie zerreißt nicht.
Sie ist ein Bild für die Liebe, für die Verbundenheit.

Welche Verbindungen fallen Ihnen ein?
Welche Verbindungen zu anderen Menschen sind Ihnen wichtig?

Wenn Sie möchten, können Sie eine Perle nehmen,
Symbol für die Menschen, die Ihnen am wichtigsten sind.
Und Sie können die Perlen auf die Schnur fädeln, 2, 3, 4 oder auch mehr.
Jede Perle steht für eine Person, die Ihnen nahe ist, die für Sie große Bedeutung hat.

Es gibt für uns Menschen auch eine Verbindung zu Gott. Sie können nun auch eine Perle auswählen, die für Gott steht und diese auf die Schnur fädeln.
So entsteht eine Kette mit vielen Perlen, Zeichen für gute Verbindungen zu anderen Menschen und zu Gott.
Wenn die Perlen und die Schnur durch Ihre Hände gehen, können Sie an die einzelnen Personen denken. Das Band zeigt, dass Sie nicht alleine sind, dass auch Gott Sie nicht alleine lässt.
Die Liebe, die Sie mit allen verknüpft, ist die beste, schönste und vollkommenste Verbindung.

Perle des Lebens

Jesus verglich den Himmel mit einer Perle (Matthäus 13, 45).
Er sagte: Ein Mensch würde alles hingeben, um die eine wertvolle Perle zu besitzen.

Eine Perle ist etwas ganz Besonderes. Sie glänzt und schillert in zarten Farben. In ihr spiegelt sich der Himmel.
Eine echte Perle hat großen Wert. In alter Zeit wurden Perlen mit Gold aufgewogen. Sie galten als Zahlungsmittel. Aus ihnen entstand wertvoller Schmuck.
Es war ein großes Glück, eine echte Perle zu finden.
Die Perle – Symbol für Glück, für den Reichtum des Lebens, für die inneren Schätze, für gestillte Sehnsucht, für den Himmel.

Ich habe in meiner Hand einige Perlen, keine echten. Aber sie können zum Sinnbild werden für die echten Werte.
Wenn Sie möchten, suchen Sie sich eine Perle aus.
Nehmen Sie sich Zeit zum Betrachten, zum Nachdenken.
Wie fühlt sich diese Perle an?
Was kommt Ihnen in den Sinn, wenn Sie sie anschauen?
Wofür könnte die Perle stehen?
Was ist Ihnen wertvoll?
Was macht Ihr Leben reich?
Was ist Ihr innerer Reichtum?
Spüren Sie manchmal, dass auch ein Stück Himmel in Ihnen ist?

Diese Perle dürfen Sie behalten. Sie bleibt ein Symbol für den Schatz Ihres Lebens. Wenn Sie möchten, können Sie sie immer wieder einmal zur Hand nehmen, sie betrachten und darüber nachdenken, was Ihr Leben reich und schön macht, wo der Reichtum des Himmels Sie berührt.

Knotenschnur für gute Erinnerungen

Lobe den Herrn, meine Seele, und vergiss nicht, was er dir Gutes getan hat. (Psalm 103, 2)

Wenn ich als Kind einkaufen geschickt wurde, habe ich mir manchmal Knoten ins Taschentuch gemacht, als Merkhilfe, die mich erinnert hat: „Es waren zwei, drei oder vier Dinge, die du kaufen solltest."

In einem Psalmgebet heißt es: Vergiss nicht, was Gott dir Gutes getan hat. Manchmal brauchen wir auch Merkhilfen, um das Gute, was wir erfahren haben, nicht zu vergessen.

Ich habe hier eine Schnur. Die lässt sich noch leichter verknoten als ein Taschentuch.
Ich lade Sie nun ein, sich auch an das Gute zu erinnern, an die schönen Momente in Ihrem Leben, an die beglückenden Erlebnisse.
Was war gut in meinem Leben?
Was hat es reich gemacht?
An welche Ereignisse denke ich gern zurück?
Wenn Sie möchten, können Sie für die guten Erfahrungen jeweils einen Knoten in die Schnur machen. Sie können das für sich tun, immer wenn Ihnen etwas in Erinnerung kommt.
Vielleicht wird diese Schnur auch zum Symbol dafür, was Gott Ihnen Gutes getan hat. Jeder Knoten könnte dann auch ein Ausdruck von Dankbarkeit sein.

Kreuz als Handschmeichler

Menschen, die schwer erkrankt sind, deren Kraft und Lebenszeit zu Ende geht, können längere Lesungen oder Gebete kaum wahrnehmen. Das Kreuz als tragendes christliches Symbol ist für sie noch am ehesten „begreifbar". An einem Handschmeichlerkreuz können sie sich „festhalten", können Glauben und Zuversicht festhalten.

Das Kreuz ist uns ein Zeichen für Christus, für sein Leiden, für seine Liebe zu uns, für seine Nähe.
Ich möchte Ihnen ein kleines Holzkreuz in die Hand geben. Es ist glatt und schmiegt sich gut in die Hand. Es kann Ihnen zu einem Zeichen werden, dass Christus da ist, dass er Ihr Leid mit trägt.

Ich kann ein kurzes Gebet oder eine einprägsame Gebetsformel dazu sprechen, am besten in der Ichform, so dass es mitgesprochen oder gar verinnerlicht werden kann.

Christus,
dein Kreuz – mein Heil,
dein Leben – meine Hoffnung.

Oder:
Christus.
dein Kreuz – meine Zuversicht,
deine Kraft – meine Stärke.

7.7. Bestärkende Rituale

Rituale sind ursprünglich aus dem Bedürfnis entstanden, Spiritualität und Glauben als heilsame und das Leben ordnende Kraft zu erfahren. Sie weisen über das Alltägliche und über die reine Funktionalität hinaus. Das Anzünden einer Kerze z.B. dient nicht nur dazu, den Raum besser auszuleuchten. Es hat einen tieferen Bezug. Die rituellen Handlungen sind mit bestimmten Deutungen verknüpft. Sie haben sich zu festen, standardisierten Formen verdichtet, sind dadurch überschaubar und wiederholbar. Da sie tiefere Schichten unseres Bewusstseins ansprechen und unsere Seele berühren, werden sie unbewusst verstanden.
In der christlichen Tradition haben sich zahlreiche Rituale herausgebildet, besonders so genannte Übergangsrituale wie Taufe am Lebensanfang, Konfirmation, Firmung, Eheschließung und Abschiedsrituale wie Aussegnung, Trauerfeier, Bestattung am Lebensende. Darüber hinaus gibt es Rituale, die bestärken, aufrichten, dem Leben Halt und Struktur geben wie Gottesdienste, Abendmahl, Beichte mit Absolution, Segenshandlungen.

Diese Ritualen haben folgende Funktion:

- Sie gestalten Lebensübergänge.
- Sie geben Gefühlen eine Form und Ausdrucksmöglichkeit.
- Sie ordnen das Leben. Äußere Ordnung ermöglicht innere Ordnung.
- Sie stiften Sinn (z.B. Ehe).
- Sie geben Halt, Festigkeit, Beheimatung (z.B. Konfirmation).
- Sie vermitteln Zugehörigkeit, Zusammenhalt (z.B. Abendmahl).
- Sie überwinden Hilflosigkeit (z.B. beim Abschiednehmen von einem Verstorbenen).
- Sie würdigen das Leben eines Menschen (z.B. Trauerfeier).
- Sie setzen Veränderungsprozesse in Gang (z.B. Beichte, Zuspruch).

Neben diesen großen, traditionellen Ritualen sind auch kleinere rituelle Formen entstanden, die der alltäglichen Lebensbewältigung dienen. Im Nachdenken über eine ressourcenorientierte Seelsorge interessieren mich besonders diese Rituale. Sie helfen, den Alltag zu strukturieren, Kraft zu schöpfen, sich in Zuversicht einzuüben, die Seele zur Ruhe kommen zu

lassen. Solche rituellen Handlungen sind sehr individuell. Sie werden den persönlichen Bedürfnisse eines Menschen gerecht. Sie können an Traditionen anknüpfen (z.B. stille Zeit, Morgengebet, Andacht) oder frei gestaltet sein (Atemübung, Körperübung). Rituelle Übungen lassen sich auch neu erfinden. Sie werden zu Rituale, wenn sie regelmäßig praktiziert werden und ihnen eine tiefere Bedeutung beigemessen wird.
Seelsorge kann behilflich sein bei der Suche nach Ritualen, die zu einem Menschen passen, die ihm Kraft geben.

Ein Morgenritual nach Luthers Morgensegen

Wenn du am Morgen aufgestanden bist, nimm dir einige Augenblicke Zeit, um dich zu sammeln.
Du kannst dich segnen mit dem Zeichen des Kreuzes und sprechen:
Lass deinen Segen über mich kommen an diesem Tag,
Gott Vater, Sohn und Heiliger Geist. Amen.
Du kannst dich nun deines Glaubens vergewissern, das Vaterunser sprechen und hinzufügen:
Gott, ich danke dir für die Ruhe der Nacht.
Behüte mich (und meine …) an diesem Tag.
Dir befehle ich mich an und lege alles in deine Hände.
Dein heiliger Engel sei mit mir. Amen.
Dann atme tief durch und gehe frisch an deine Arbeit.

Ein Abendritual

Ich setze mich an einen Platz, den ich mir schon besonders hergerichtet habe (Tuch, eine Schale mit Perlen, evtl. Kerze).
Ich nehme mir Zeit zum Innehalten.
Die Eindrücke des Tages ziehen als innere Bilder durch mein Bewusstsein.
Ich überlege, was alles nicht so gut gelaufen ist und bitte Gott:
„Nimm alles hin, was missglückt und was schwer gewesen ist. Lass es mir nicht zur Last werden. Gib mir Trost und neuen Mut.“
Dann überlege ich, was alles gut gewesen ist an diesem vergangenen Tag.
Für jeden angenehmen Augenblick, für jede gute Erfahrung nehme ich eine Perle aus der Schale und halte sie in meinen Händen und spreche:
„Gott, ich danke dir für all das Gute, was mein Leben reich und schön macht. Gib deinen Segen dazu. Mache mein Herz weit und froh.“

Ich lege die Perlen zurück, halte einige Augenblicke inne und spreche:
„Gott, lass mich ruhig schlafen. Segne und behüte mich. Lass deinen liebevollen Blick auf mir ruhen. Sei mir Licht in dunkler Nacht. Amen.“

Ein Trostritual: Die tröstliche innere Stimme

Wir können uns auch selber trösten und ermutigen. Wir können Vorstellungen entwickeln, innere Bilder wachrufen, innere Stimmen wahrnehmen, die tröstlich sind. In der Bibel finden sich Beispiele für Selbsttröstungen. In einigen Psalmgebeten treten die Betenden mit ihrer Seele in einen bestärkenden Dialog. Sie sprechen sich mit Hilfe ritualisierter Formulierungen Mut zu. Ich kann diese Dialoge für mich selbst übernehmen und sie in ritueller Form zur Selbsttröstung und Beruhigung nutzen. Damit habe ich ein Alltagsritual, dass dem Gefühl der Hilflosigkeit entgegenwirkt und mich in besonderen Herausforderungen ermutigen und trösten kann.

Ich atme tief durch, halte einige Momente inne und spreche:

Sei nun wieder zufrieden, meine Seele, denn der Herr tut dir Gutes.
(Psalm 116, 7)
Oder:
Was betrübst du dich, meine Seele und bist so unruhig in mir? Hoffe auf Gott. Denn ich werde ihm noch danken, dass er meine Hilfe und mein Gott ist. (Psalm 42, 6+12)
Oder:
Auf Gott will ich hoffen und mich nicht fürchten. Was können mir Menschen schon anhaben?
(Psalm 56, 5)
...so will ich mich auf Gott verlassen und mich mit Gottes Hilfe den Herausforderungen stellen.
-Kreuzzeichen-
Im Namen des Vaters, des Sohnes und des Heiligen Geistes. Amen.

Ein Beichtritual
mit Steinen als Symbol für die Last, die auf der Seele liegt

Die Beichte gehört neben der Vermahnung zu den frühen Formen christlicher Seelsorge. Sie entstand wohl aus der Vorstellung, dass Gott nicht mit ansehen kann, wie sich Menschen mit Schuld und Schuldgefühlen durchs Leben schleppen. Gott bietet Entlastung an, Vergebung, Befreiung, Versöhnung

(Psalm 32, Psalm 103 u. a.). Auch die Kreuzigung Jesu wird im Licht dieser gottgewollten Entlastung interpretiert: „Christus hat unsere Sünde selbst hinaufgetragen auf das Holz." (1. Petr. 2, 24)

In der evangelischen Seelsorgepraxis spielt die Beichte eine eher untergeordnete Rolle. Entlastung ergibt sich im seelsorgerlichen Gespräch. Gelegentlich spüre ich aber auch einem Ratsuchenden eine tiefe Sehnsucht ab, eigene Schuldgefühle konzentriert zu benennen. Dann schlage ich vor, dies in ritueller Form zu tun, ein Beichtritual zu nutzen oder gemeinsam zu erarbeiten.

Für das folgende Beichtritual verwende ich Steine, die die Last der schwer empfundenen Unzulänglichkeit symbolisieren.

Hinführung
Mit der Beichte haben wir die Möglichkeit, Bedrückendes auszusprechen, Schuld abzulegen, Gott um Vergebung zu bitten.
Alles, was ausgesprochen wird, bleibt in diesem Raum. Es ist für Gottes Ohren bestimmt. Im Namen Gottes und Jesu Christi kann ich Ihnen Vergebung zusprechen.

Gebet
Barmherziger Gott, wir stehen vor dir. Du siehst auf uns.
Dein liebevoller Blick kann unser Herz öffnen.
Deine Gnade macht uns frei.
Wir trauen nicht auf unsere Gerechtigkeit, sondern auf deine große Barmherzigkeit. Amen.

Ritual
Vor uns liegen Steine.
Steine sind schwer, hart und kantig.
Sie können Symbol sein für das Schwere und Bedrückende in unserem Leben, für Misslungenes, Verfehlungen und Schuld.
Wenn Sie möchten, nehmen Sie einen oder mehrere Steine in Ihre Hände.
Denken Sie in aller Ruhe nach:
Wofür stehen die Steine in Ihrem Leben? Was sind die Steine, die Ihnen auf dem Herzen liegen? Welche Schuld und welche Schuldgefühle beschweren Sie?
Lassen Sie uns einige Momente innehalten.
-Stille-
Ich lade Sie nun ein, das Bedrückende vor Gott auszusprechen. Sie können das auch leise tun. Aber sprechen Sie es bitte aus.

-Aussprache-
Nun können Sie die Steine ablegen mit der Last der Schuld.
-Steine ablegen-
Wenn wir vor Gott und Jesus Christus etwas ablegen, bekommen wir auch etwas zurück: Seinen liebevollen Zuspruch, Vergebung, Freiheit, die uns aufatmen lässt.
Im Namen Gottes, im Namen Jesu Christi kann ich Ihnen zusprechen:
Deine Schuld ist dir vergeben. Gehe nun entlastet, gestärkt und im Frieden, den Gott dir schenkt. Der gnädige Gott begleite Dich auf Deinen Wegen. Amen.

Vater unser

Segen

Die Steine können an einem andern Ort abgelegt werden, unter dem Kreuz in einer Kirche, in einem besonderen Gefäß im Raum der Stille, an einer Kirche.

Abschiedsritual für eine Trauernde

Es gibt rituelle Formen, die für eine einmalige Anwendung konzipiert sind, aber so schon eine große unterstützende Kraft entwickeln können. Ein Beispiel dafür ist folgendes Abschiedsritual. Es wurde gemeinsam mit einer Patientin erarbeitet, deren Mutter plötzlich verstorben war. Sie hatte keine Gelegenheit, sich angemessen zu verabschieden. Das hat sie regelrecht krank gemacht. Ziel des Rituals ist es, den Abschied nachzuholen, die gemeinsame Zeit als „Schatz" wahrzunehmen, der als Reservoir wertvoller Erinnerungen bleibt, sich wieder dem Leben zuzuwenden. (S = Seelsorger, P = Patientin)

Abschied nehmen

S *Wir zünden diese Kerze an im Gedenken an Ihre Mutter.*
Ihr Tod hat eine schmerzliche Lücke gerissen.
Es ist entsetzlich schwer anzunehmen, was geschehen ist.
Wir können uns schwer alleine trösten. Wir brauchen Zuspruch und Kraft.
Wenn diese Kerze brennt, soll Licht strahlen in unsere Dunkelheit und Traurigkeit.

P *Meine Mutter hat mir viel bedeutet.*
Sie hat mich geboren, hat mir das Leben geschenkt.
Sie hat mich aufgezogen, Geborgenheit und Liebe gegeben.
Ihr Leben ist nun plötzlich zu Ende gegangen.
Das macht mich ratlos und unendlich traurig.
Ich möchte von ihr Abschied nehmen.

S *Abschied nehmen ist schwer. Es bedeutet loslassen,*
ablegen können, den Gedanken, dass sie noch da ist,
dass alles nicht wahr ist,
Gedanken, die lähmen, bedrücken, mich nach Schuld
suchen lassen und belasten.

Abschied nehmen bedeutet aber auch behalten, die
Erinnerung bewahren, Erinnerungen an schöne Stunden
und Tage, Dankbarkeit, dass Ihre Mutter für Sie da war.
Die Erinnerung ist wie ein Schatz, der bleibt, der Ihnen gehört.
Der Tod kann nicht alles wegnehmen und zerstören.

P *Ich nehme Abschied von meiner Mutter.*
Ich verneige mich vor ihr und vor ihrem schweren
Schicksal. Ich danke ihr, dass sie versuchte, für mich eine gute Mutter
zu sein. Ich verzeihe ihr, was sie falsch gemacht hat.
Ich lasse die Gedanken an sie los, die mich bedrücken
und traurig machen, dass die Wunden in mir heilen können.
Ich behalte die Erinnerung an sie und bin dankbar, dass
ihr die Jahre ihres Lebens gegeben waren.
(Ich ahne und hoffe, dass sie bei Gott, in seinem Frieden geborgen ist.)
Mit dieser Erinnerung, mit dieser Hoffnung, mit dieser
Dankbarkeit will ich mich dem Leben zuwenden.

S *Wenn wir diese Kerze ausblasen, werden wir erinnert,*
wie schnell auch das Leben verlöschen kann.
Aber die Kerze bleibt Symbol für das Licht, das auch
unsere Traurigkeit aufhellen kann.
Sie bleibt Symbol für den Schatz der guten Erinnerungen.
Die Kerze kann ich immer wieder anzünden,
damit sie mir Licht spendet.
Möge Gott Licht senden in unsere Dunkelheit.

S *Gebet*

7.8. Körperorientierte Übungen

Es mag nicht die Regel sein, Seelsorge mit Körperübungen zu verbinden. Während meiner Arbeit im psychiatrischen Bereich hat es sich doch hin und wieder angeboten, den Körper mit einzubeziehen, z.B. den festen Stand zu üben.
Körper, Geist und Seele bilden bekanntermaßen eine Einheit. Das spüren wir, wenn seelischer Schmerz körperliche Beschwerden verursacht. Mit meinem Körper, mit meiner Haltung kann ich aber auch Einfluss nehmen auf mein Befinden. Wenn ich sicher und aufrecht stehe, fühle ich mich auch sicherer, vielleicht auch selbstbewusster.

Eine Standübung nach Psalm 31,9

In einem Psalmgebet ist zu lesen:
„Du stellst meine Füße auf weiten Raum." Da hat ein Mensch erfahren, dass er bei Gott einen „guten Stand" hat, dass er sicher stehen und sich frei fühlen kann. Ich möchte Sie einladen, mit mir gemeinsam zu probieren, wie sich so ein fester Stand anfühlt. Ich lese dazu ganz langsam einen meditativen Text, so langsam, dass Sie dem nachspüren können, was beschrieben wird.

Hier stehe ich.
Ich spüre den Boden fest unter meinen Füßen.
Ich stehe fest und sicher.
Meine Füße sind wie verwurzelt und doch beweglich und frei.
Ich kann aufrecht stehen.
Mein Körper ist ausgespannt zwischen Himmel und Erde.
Ich bin aufgerichtet und
wie durch eine unsichtbare Kraft mit dem Himmel verbunden.
Wenn ich so aufrecht stehe mit erhobenem Haupt,
kann ich in die Sonne schauen, nach den Sternen greifen,
die Weite spüren.
Meinen Kopf trage ich wie eine Krone.
Auf meinem Gesicht spiegelt sich die ganze Schönheit und
Einzigartigkeit meines Wesens,
ganz gleich, ob ich mich alt fühle oder jung, abgespannt oder frisch.
Ich stehe aufrecht, kann frei atmen.
Ich atme tief ein und aus.
Mit jedem Atemzug,
mit meinem Sehen, Hören, Fühlen
bin ich verbunden mit der ganzen Schöpfung,

verbunden und geborgen unter dem Himmel, der sich über uns wölbt.
Ich stehe fest und sicher,
bin standhaft, habe Stehvermögen.
Ich stehe fest und sicher.
Ich kann etwas durchstehen,
kann mein Leben bestehen.
Ich stehe aufrecht
und darf die Weite ahnen,
die sich mir auftut mit jedem neuen Augenblick.
Gott, du stellst meine Füße auf weiten Raum.

Lasten abwerfen

Es gibt manches, was belastet, bedrückt und schwer auf der Seele liegt. In der Bibel findet sich häufig die Aufforderung, die Lasten einfach abzuwerfen, Beschwerliches abzuschütteln. Der Apostel Petrus schreibt: „All eure Sorge werft auf Christus. Er sorgt für euch." (1. Petrus 5,7). Jesaja ruft den Einwohnern Jerusalems zu: „Schüttle den Staub ab, steh auf. Mach dich los von den Fesseln." (Jesaja 52, 2)
Ich lade Sie ein zu einer Übung, die der gottgewollten Entlastung Ausdruck verleiht:

Ich stehe aufrecht, bequem und locker.
Meine Füße sind etwas auseinander gestellt.
Sie stehen fest auf dem Boden.
Ich lockere meine Schultern, nehme sie leicht nach hinten,
so dass ich ganz aufrecht und erhobenen Hauptes stehen kann.
Ich atme gleichmäßig ein und aus.
Dann hebe ich meine Hände auf Brusthöhe,
neige mich leicht nach vorn
und lasse die Arme ganz locker herunterfallen.
Ich schüttele sie kräftig aus,
als wollte ich Wasser abschütteln.
Arme, Schultern, Kopf lasse ich einige Momente ganz locker hängen
und schüttele die Arme noch einmal kräftig aus.

Diese Übung kann ich mehrfach wiederholen.

7.9. Mit der Klangschale arbeiten

Was geht in uns vor, wenn wir den Klang einer Glocke oder den Ton eines Instruments hören? Die Schwingungen erreichen uns, berühren uns, gehen uns unter die Haut.
Bereits in der Bibel ist von der Wirkung der Klänge die Rede. Das Rezitieren der Psalmen wurde mit Harfen- oder Zimbelklängen unterlegt, interessanterweise gerade auch Klagepsalmen, die aus tiefer Not und Angst gesprochen wurden (Psalm 12, 55, 61). Davids Saitenspiel vertrieb den bösen Geist der Depression, der dem König Saul schwer zu schaffen machte (2. Samuel 16).
Auch die Töne der Klangschale haben nachgewiesenermaßen eine heilsame Wirkung. Sie versetzen den Körper in Schwingungen, die sich bis in die Zellstruktur fortsetzen. Eine innere Resonanz entsteht. Dadurch lösen sich Verspannungen. Eine Wohlfühlstimmung wird ausgelöst, Serotonin wird ausgeschüttet, was wiederum das Immunsystem stimuliert.[93]
Für die Seelsorge ist aber eher die Erkenntnis von Bedeutung, dass sich die Töne wohltuend mit den gesprochenen Texten verbinden, diese verstärken, so dass sie tiefer berühren. Für eine Klangschalenmeditation sind die Psalmen besonders geeignet, weil sie ohnehin als eine Art Rezitativ korrespondierend mit der instrumentalen Begleitung verfasst worden sind.
Die Texte sind langsam und betont zu lesen. Die Pausen zwischen den Versen sollten lang genug sein, so dass sich die Töne entfalten können.

Dem Klang nachspüren

h *Ich höre einen hellen Ton*
t *Ich höre einen dunklen Ton*
Das findet sich auch in unserem Leben wieder:
Helle, leichte, vielleicht auch schrille Töne *h+h*
und tiefe, dunkle Töne, *t*
Aufrüttelndes, *h*
und Beruhigendes, *t*
laute Töne *h (kräftig)*
leise Töne. *t (sanft)*
Was bewegt sich in mir,
was kommt bei mir ins Schwingen, wenn ich diese Töne höre?
Helle Töne *h*
und dunkle. *t*

[93] Müller: Der Klang der Bilder. S. 8

(kurzes Innehalten)	
Der Ton der Klangschale ist erst kräftig und laut,	*t (kräftig)*
wird dann immer leiser	
und klingt dann aus.	
Es ist wie ein langsames Loslassen,	*h*
das Laute loslassen,	
das Beunruhigende loslassen,	
das Unstimmige verklingen lassen, bis es still ist.	
So kann ich auch das Laute in mir	*t*
loslassen,	
ausschwingen lassen,	
dass meine Seele zur Ruhe kommt.	
(kurzes Innehalten)	
Und mit den sanften Tönen	*t+h (sanft)*
kann ich mich einschwingen in die Stille,	
kann ich in Einklang kommen	*h+t (sanft)*
mit mir,	
mit anderen,	
in Einklang mit Gott.	*t (sanft)*
(Ton ausklingen lassen bis zur Stille)	

Ein Morgenritual nach Psalm 108

Gott, mein Herz ist bereit.	*t*
Ich will singen und spielen.	*t+h*
Wach auf meine Seele.	*h*
Wacht auf, Psalter und Harfe,	
ich will das Morgenrot wecken.	*t+h*
Ich will dir, Gott, danken,	
wo ich auch bin.	*h+h*
Ich will fröhlich singen. Alle können es hören.	*h*
Denn deine Gnade reicht so weit der Himmel ist,	
und deine Treue, soweit die Wolken gehen.	*t (sanft)*
Wach auf, meine Seele.	
Mein Herz ist bereit.	
Ich will singen und spielen.	*h+h*
Mit Gott möchte ich den Tag beginnen.	*t+h+h*

Auf diese Weise lassen sich Psalmen oder ähnliche lyrische Texte mit den Tönen einer Klangschale unterlegen. Zu Menschen, die an Altersdemenz erkrankt sind, habe ich mit Hilfe der Klänge besser Zugang gefunden.

Allerdings empfiehlt es sich, mit Klangschalen zu arbeiten, die nicht zu schrille Töne hervorbringen. Entscheidend ist, dass Töne und Schwingungen als angenehm empfunden werden.

7.10. Wohltuendes Singen

Der Musikwissenschaftler Karl Adamek bezeichnet das Singen als eine Lebensenergie spendende Kraft. Es ist eine effektive Strategie zur Alltagsbewältigung, hat positiven Einfluss auf die Gefühlsregulation und fördert die psychische und physische Gesundheit. Singen hebt die Stimmung. Stimme und Stimmung sind eng miteinander verwandt. So gesehen ist Gesang eine Art Antidepressivum, da man nicht gleichzeitig singen und grübeln kann.[94]

Adamek hat in Langzeitstudien nachweisen können, dass Singen auch die Selbstheilungskräfte wachruft. Es hat eine reinigende Wirkung für die Psyche. Darüber hinaus hat das Singen auch eine spirituelle Komponente. Die Seele öffnet sich für transzendente Erfahrungen.[95]

Voraussetzung für die gesundheitsfördernde Wirkung ist, dass man gerne singt und dass das Singen gut tut. Singen muss Spaß machen. Erzwungenes Singen wird als unangenehm empfunden. Es ist oft angst- und schambesetzt. Dies ist wohl besonders in der Seelsorge zu beachten.

Nun ist es eher unüblich, ein seelsorgerliches Gespräch mit Gesang zu verbinden. Aber manchmal ergibt es sich einfach, die Begegnung mit einem Lied abzuschließen. Auch bei der Begleitung sterbender Menschen können bekannte und vertraute Liedstrophen die Zuversicht stärken. Sie haben ein großes Trostpotential.

Viel leichter fällt es, in der Gruppe zu singen. Das macht Freude, erleichtert und wirkt befreiend. Beim gemeinsamen Singen im Altenheim habe ich oft erlebt, wie an Demenz erkrankte und völlig in sich gekehrte Menschen die Lippen bewegt oder sogar mitgesungen haben, wie sich auf ihren Gesichtern Freude abgezeichnet hat. So gesehen ist auch das Singen eine Möglichkeit, Zugang zu dementiell Erkrankten, zu ihrer sonst verschlossenen inneren Welt zu bekommen.

Das Evangelische Gesangbuch bietet eine Fülle tröstlicher Lieder, die geschrieben worden sind, um Menschen aufzurichten. Allerdings haben gerade jüngere Menschen Mühe, die traditionellen Texte zu verstehen und nachzuvollziehen.

---

[94] Boisson: Gesang als therapeutisches Medium. S. 9

[95] Adamek: Singen als Lebenshilfe. S. 15

Für besondere Situationen z.B. für einen gestalteten Abschied im Abschiedraum des Krankenhauses habe ich zuweilen Liedtexte umgeschrieben oder neu verfasst. Hier ein Beispiel:

Ein Trostlied für Trauernde
Nach der Melodie „Lobet den Herrn und dankt ihm seine Gaben" von Johann Crüger, 1640, EG 460

Herr, unser Gott, du siehst in unsre Herzen,
siehst unsre Trauer, spürst auch unsre Schmerzen,
kennst unsre Ohnmacht, wenn des Todes Schrecken
uns überdecken.

Du, unser Gott, hörst jetzt unser Klagen,
kennst unser Zweifeln, weißt um unser Fragen.
Lass uns die Ängste, die sich in uns stauen,
dir anvertrauen.

Du hast die Kraft zu wandeln unser Trauern.
Und du durchbrichst des Todes dunkle Mauern,
führst durch die Schatten, die uns jetzt umgeben,
zum Licht und Leben.

Durch Jesus Christus können wir nun hoffen.
Sein Auferstehen hält den Himmel offen.
Von Gottes Liebe, dürfen wir bekennen,
kann uns nichts trennen.

Gott ist uns nah im Leben und im Sterben.
Sein guter Segen lässt uns nicht verderben.
Wir sind gewiss im Heute und im Morgen
bei ihm geborgen.

7.11. Humor in der Seelsorge

Christliche Theologie steht im Verdacht, humorlos zu sein. In der Tat bieten Kreuzestheologie, Paränese (christliche Ermahnungen) und Eschatologie nicht die Plattform für ausgelassene Heiterkeit. Man möge bedenken, dass die theologischen Schriften in bedrängender Zeit entstanden sind, als der christliche Glaube kriminalisiert wurde. Allerdings ist dieser Generalverdacht, das Christentum sei humorlos, leicht zu widerlegen. Schon in den biblischen Geschichten werden oftmals Begebenheiten geschildert, die zumindest schmunzeln lassen. Ich denke an die himmlische Ankündigung, dass der hundertjährige Abraham und die neunzigjährige Sara noch einmal ein Kind zusammen haben werden. Abraham hat sich hingeschmissen vor Lachen (1.Mose 17, 17). Und Sara kicherte und sagte: „In meinem Alter soll ich mit meinem alten Herrn noch Liebe machen?“ (1.Mose 18, 12). Jeremia hat herzerfrischend die heidnischen Götterstatuen verspottet (Jeremia 10). Amos hat die feinen Damen, die sich einer unersättlichen Lebensweise hingaben, als fette Kühe bezeichnet (Amos 4). Auch Jesus hatte Humor, wenn er z.B. ausrief: „Lass doch die Toten die Toten begraben!“ (Lukas 9, 60). Man muss sich das nur mal vorstellen: Tote, die sich selbst bestatten. Der heilige Laurentius, der auf einem Feuerrost grausam gefoltert und hingerichtet wurde, soll seinem Folterknecht zugerufen haben: „Nun wende mich langsam mal um, meine untere Seite ist schon durchgebraten.“[96] Und Luther sagte: Wo der Glaube ist, da ist auch Lachen.

Wie ist das nun in der Seelsorge? Da geht es oft sehr ernst zu, wenn sich mir ein Ratsuchender mit schwierigen Problemen anvertraut, wenn ein Mensch im Sterben liegt und seine Angehörigen schon um ihn trauern. In solchen Situationen wäre es zumindest grenzwertig, seine humoristische Ader auszuleben.
Vielleicht ist es hilfreich, erst einmal zu fragen: Was ist Humor? Peter Bukowski, der das Thema „Humor in der Seelsorge“ leidenschaftlich diskutiert hat, beschreibt Humor als „die Fähigkeit des Menschen, sich von den Widrigkeiten des Lebens nicht verschlingen zu lassen, vielmehr lachend zu ihnen auf Distanz zu gehen, um sie zu relativieren“ oder als „charmante Weise menschlicher Lebensbewältigung“.[97] Mit diesen Umschreibungen sind wir schon ziemlich nahe an dem, was Seelsorge unterstützen möchte: Dass Menschen den Widrigkeiten des Lebens trotzen, dass sie die Herausforderungen bewältigen. Wie kann ich aber Humor in eine seelsorgerliche Begegnung einbringen?

[96] Klein: Das große Hausbuch der Heiligen. S. 396
[97] Bukowski: Humor in der Seelsorge. S. 15 und 18

Humor lässt sich nicht machen, nicht oder nur schwer planen. Mir ist das jedenfalls in Vorbereitung auf eine seelsorgerliche Situation noch nicht gelungen. Humor entsteht oft ganz spontan. Er entsteht, wenn die Atmosphäre gelöst und entkrampft ist. Ich habe schon Menschen kennen gelernt, die haben gelacht, bevor ein Witz zu Ende erzählt war. Wie kommt das? Es lag wohl an der besonderen Stimmung, an der Erwartung und Vorfreude, dass gleich frei heraus gelacht werden kann. Als Seelsorger kann ich versuchen, eine Atmosphäre zu schaffen, die gelöst und entspannt ist. Das gelingt mir, wo ich selber locker und nicht angespannt bin, wo ich mich selbst nicht so ernst nehme.
Bei einer Andacht, die ich im psychiatrischen Krankenhaus gehalten habe, fing eine Patientin furchtbar an zu schluchzen. Mein Kollege versuchte sie mit allen Regeln der Seelsorgekunst zu trösten. Er verbog sich fast. Es entfaltete sich ungewollt eine gewisse Komik. Nach einigen Minuten vergeblicher Mühe platzte die Patientin heraus: „So können Sie mir auch nicht helfen!“ und fing an herzhaft zu lachen. Mein Kollege stimmte in das Lachen ein. Es war für beide befreiend. In dem scheinbaren Unvermögen, Trost zu spenden, haben sich die ganze Anspannung und der Seelenschmerz aufgelöst. Und es ist auch eine Gnade, über sich selbst, über die eigene Unzulänglichkeit lachen zu können.
Das Leben ist nicht immer ernst, auch die Seelsorge nicht, Gott sei Dank. Gut ist es, so ein Gespür für die Komik des Lebens zu haben. Manchmal entdecke ich die Komik in meinen Eigenarten, Gewohnheiten, Bewegungen und Gesten, in meiner Unbeholfenheit. Manchmal entdecke ich sie in der Originalität anderer, in paradoxen Situationen. Oft sind diese Wahrnehmungen erfrischend. Sie helfen mir, mich fröhlich und erleichtert vom Anspruch des Perfektionismus zu verabschieden.

Patienten bringen den Humor oft selber ein. Damit signalisieren sie, dass humorvolle Leichtigkeit für sie auch eine angemessene Bewältigungsstrategie darstellt. Es kann auch hilfreich und wohltuend sein, das Schwere auszublenden. Wenn ich am Bett eines kranken Menschen saß, kam oft der Spruch: „Als die Krankheiten verteilt wurden, habe ich immer ‚hier‘ gerufen.“ Eine sterbensbereite, alte Dame sagte: „Schauen Sie nur, wie alt ich bin. Der liebe Gott hat vergessen mich zu holen. Können Sie ihm nicht mal Bescheid sagen?!“ Ein älterer Herr reagierte auf meine Frage nach seinem Ergehen mit einem Witz: Treffen sich zwei betagte, alte Freunde. Der eine klagt über alle möglichen Beschwerden und fragt schließlich: „Und wie geht es dir?“ Der antwortete: „Ich fühle mich wie neu geboren!“ „Waaas?“, fragt der erste erstaunt zurück. Der zweite antwortet: „Ja, wie neu geboren! Ich hab keine Haare auf dem Kopf, keine Zähne im Mund und gewindelt werden muss ich auch.“

Humor ist, wenn man trotzdem lacht. Er entkrampft bedrückende Situationen. Ich kann dem Humor Raum geben, wenn ich Menschen offen, menschlich und nahbar begegne, wenn sie in mir auch den Menschen und nicht nur die Amtsperson sehen können.
Humor entsteht oft durch einen unerwarteten Perspektivwechsel. Bei jedem guten Witz kommt die Pointe überraschend. Das haben Humor und Glaube gemeinsam, dass sich die Blickrichtung unvorhersehbar ändert. Das Bekenntnis, dass der gekreuzigte, verstorbene und bestattete Jesus der auferstandene und lebendige Christus ist, beschreibt beispielsweise so einen Perspektivwechsel. Aus dieser „freudigen Überraschung" entsprang urchristliche Heiterkeit, das Osterlachen, und wohl auch der Gedanke, die Geschichten um Jesus „Frohe Botschaft" zu nennen. Daraus speisen sich das Vertrauen und die Hoffnung, dass der Tod uns nicht davon abhalten wird zu leben, weil wir mit einem Leben schaffenden Gott im Bunde sind.
Von dieser Hoffnung beseelt konnte der leiderfahrene Paulus trotzig und hämisch ausrufen: „Tod, wo ist dein Stachel, Hölle, wo ist dein Sieg?!"

Vielleicht hilft uns in der Seelsorge die alte biblische Weisheit: Weinen hat seine Zeit, Lachen hat seine Zeit. Das Lachen hat Platz in der seelsorgerlichen Begegnung, es befreit, schafft Abstand zu schmerzlichen Erfahrungen, sorgt für eine wunderbare Leichtigkeit, die sonst –im Ernst- unerreichbar bleibt.

Aus der Praxis der Humortherapie: Die Bleistiftübung

Auf Kommando Lachen funktioniert in der Regel nicht. Bestenfalls wird daraus ein erzwungenes, gequältes oder gespieltes Lachen. Dennoch ist nachgewiesen, dass mimischen Veränderungen auch eine Veränderung der Emotionen nach sich ziehen. Robert Emmons empfiehlt eine kleine Übung, die die Stimmung heben kann:

Nehmen Sie einen Bleistift und halten Sie ihn für ca. eine halbe Minute zwischen den Zähnen fest, so dass Sie nicht anders können als zu lächeln. Ihre Laune wird sich schlagartig verbessern.[98]

Gemeinsam mit einem Partner oder in der Gruppe kann die Bleistiftübung noch wirksamer sein. Allerdings gibt es auch Situationen, wo es nicht angebracht ist, sich dieser Übung hinzugeben.

---

[98] Emmons: Vom Glück, dankbar zu sein. S. 214

7.12. Schweigen in der Seelsorge

Wir können nicht nicht kommunizieren.[99] Auch das Schweigen ist Kommunikation. Gerade in einer seelsorgerlichen Begegnung ergibt es sich, dass geschwiegen wird, gewollt oder ungewollt. Redepausen werden oft als unangenehm empfunden. Sie sind in der Regel schwer auszuhalten.
Nun gibt es für das Schweigen eines Gesprächspartners sehr unterschiedliche Gründe.
Mein Gegenüber könnte mit dem Schweigen signalisieren:

- Ich möchte nichts dazu sagen. Das geht keinen Menschen etwas an.
- Ich möchte nicht *jetzt* sprechen. Es ist nicht der richtige Zeitpunkt, nicht der richtige Ort. Es gibt zu viele Zuhörer.
- Ich *kann* jetzt nicht sprechen. Ich bin gerade nicht in der Lage. Ich bin zu betroffen.
- Ich kann darüber nicht sprechen. Es wühlt mich zu sehr auf.
- Ich weiß nicht, wie ich das ausdrücken kann, was mich bewegt. Ich finde keine Worte.
- Ich schäme mich, darüber zu sprechen.
- Ich kann Ihnen das nicht anvertrauen. Ich muss es für mich behalten.
- Ich schweige, weil ich niemanden belasten möchte.
- Ich fühle mich leer, kann keinen klaren Gedanken fassen.
- Es tut mir gut, einmal nicht zu reden. Ich höre lieber zu.
- Ich brauche ab und zu eine Redpause, Momente der Stille.

Wer schweigt, hat also trotzdem etwas zu sagen.

Schweigen hat auch positive Aspekte. Es gibt Situationen, wo jedes Wort überflüssig ist, wo Reden unangemessen wäre, z.B. in Phasen der Sterbebegleitung. Da ist stiller Beistand gefragt.
Schweigen ist eine Ressource. In der Ruhe liegt die Kraft. „Durch Stillesein würdet ihr stark sein." heißt es im Buch Jesaja (Jesaja 30,15). Stille schafft Raum für transzendente Erfahrungen, für die Begegnung mit Gott (Psalm 62,2, Habakuk 2,20, Zephania 1,7). Stille ist ein Bedürfnis der Seele. Viele Meditationstechniken bauen auf dieser Erkenntnis auf.
Ist das Schweigen, abgesehen von der biblischen Wortoffenbarung, nicht auch die „Sprache" Gottes? Auf wie viele Gebete hat er schon geantwortet, ohne ein Wort zu sagen, und hat doch das Vertrauen und die Zuversicht der Betenden gestärkt? Wenn Gott schweigt, ist er nicht fern. Sein Name „Jahwe" veranschaulicht sein Nahesein. Den Mystikern wurde Gott in jedem Atemzug und in jedem Pulsschlag gewahr als eine innewohnende und helfende Kraft.

[99] Watzlawick: Menschliche Kommunikation

Die Wüstenväter haben das Schweigen Gottes imitiert, das Schweigen, das die eigenen Kompetenzen wachruft, das zur Klärung beiträgt, welches voller Verständnis und Liebe ist. Ihre Seelsorge bestand oft darin, dass sie mit den Ratsuchenden lange geschwiegen haben. „Ein Bruder kam zum Altvater Ammoes, um von ihm einen Spruch zu erbitten. Er blieb sieben Tage, aber der Greis gab ihm keine Antwort."[100] Im gemeinsamen Stillesein haben die Ratsuchenden dann oft selber Antwort gefunden.

Was geschieht mit mir, wenn ich als Seelsorger schweige? Was bleibt von mir übrig, wenn ich nicht Rat gebend, tröstend, wegweisend kommuniziere? Da sind plötzlich mein theologisches Wissen, meine Erzählfreudigkeit, meine Trostworte, meine guten Einfälle nicht mehr gefragt. Wie oft definieren wir uns darüber, was wir zu sagen haben.
Wie verändert sich die Kommunikation, wenn Worte nicht angemessen erscheinen?
Da zählen auf einmal nur meine Person, mein Nahesein, meine Kraft, die Situation auszuhalten. Die Begegnung wird ganz unmittelbar. Sie gewinnt mitunter an Nähe und Tiefe. Es kommt zu einer Verbundenheit, die der Worte nicht bedarf. Wer schon einmal längere Zeit bei einem sterbenden Menschen zugebracht hat, weiß, wie intensive solche Schweigeprozesse sein können, wie viel Kraft sie kosten können, wie bewegend sie sind. Im Schweigen scheint sich etwas zu erschließen, was als erhebend und sogar als heilig empfunden werden kann.
Schweigen ist eine Form seelsorgerlicher Kommunikation. Wenn ich den Eindruck gewinne, dass meinem Gegenüber das Sprechen schwer fällt oder unmöglich geworden ist, schlage ich vor, miteinander stille zu sein: *„Wir müssen jetzt nicht reden. Ich bin jetzt einfach da. Vielleicht tut uns die Stille gut.*" Wenn das Schweigen so legitimiert wird, wirkt es nicht peinlich. Es entlastet, befreit vom Druck, im Gespräch sein zu müssen. Und mich bewahrt es davor, als Alleinunterhalter aufzutreten. Wenn nur ich spreche, entsteht ein Kommunikationsgefälle. Mein Gegenüber spürt dann das eigene Unvermögen noch deutlicher. Wenn ich mich auf eine Zeit des Schweigens einlassen kann, gerät die Begegnung auch nicht zum Kurzbesuch, weil ich womöglich nichts mehr zu sagen weiß und dann geneigt bin, die Situation zu verlassen. Die Stille auszuhalten ist nicht immer leicht. Aber damit tue ich etwas, was im Namen Gottes verankert ist: Ich bin da.

---

[100] Hell: Die Sprache der Seele verstehen. S. 19

7.13. Mit Geschichten arbeiten

Geschichten konservieren und transportieren lebendige Erfahrungen, Weisheiten, Sehnsüchte, Hoffnungen. Sie sind so etwas wie gespeicherte Lebensenergie.
Eine Erzählung kann traurige Menschen zum Lachen bringen, Gedankenlose zum Nachdenken, kann Ängstliche ermutigen. Geschichten laden ein zum Träumen, inspirieren uns, über uns selbst hinaus zu denken. Sie vereinfachen oft das komplizierte Leben, machen es übersichtlicher und handhabbar. Sie konstruieren hoffnungsvolle Perspektiven und bieten mitunter Lösungsmodelle für die eigene als problematisch empfundene Lebenssituation.
Geschichten können allein durch die Dynamik des Erzählens heilsame Kräfte aktivieren, indem sie lösen und entspannen. Sie lassen angenehme Bilder aufsteigen, lenken den Blick auf das Schöne und Hoffnungsvolle. Der Psychologe Daniel Wilk schreibt: „Jeder Mensch hat ein großes individuelles Potential zur Gesunderhaltung und Heilung von Körper und Psyche, das er durch Entspannung und durch die Kraft seiner Vorstellung ansprechen kann.“[101]

Auch das Erzählen von biblischen Geschichten kann positive Vorstellungen wachrufen, Vorstellungen von Geborgenheit, von Gehaltensein und Erlösung.

Biblische Gleichnisse

In der Seelsorge Jesu spielten Gleichniserzählungen eine große Rolle. Er erzählte Geschichten, in denen sich die Dramatik des Alltäglichen widerspiegelt, die aber eine hoffnungsvolle Wende erfährt und somit „himmlische“ Perspektiven veranschaulicht. Damit wollte er Menschen den Blick weiten, sie einladen, manches mit anderen Augen zu sehen.
So erzählte er z.B. das Gleichnis vom verlorenen Sohn, der sich an einen exzessiven, konsumorientierten Lebenswandel verliert, dem alles Geld, alle Freunde und jeder Halt verloren gehen, der scheitert und in einem menschenunwürdigen Milieu strandet. Er kehrt reumütig zu seiner Familie zurück und wird vom Vater mit Freude und in der Haltung von Achtung und Vergebung aufgenommen.
Geschichten sprechen in der Regel für sich selbst, bedürfen keiner Erklärung oder Deutung. Manchmal kann es aber auch ganz hilfreich sein, Impulse zum Nachdenken zu geben.

---

[101] Wilk: Auf den Schultern des Windes schaukeln. S.10

Nach dem Gleichnis vom verlorenen Sohn nahm der Vater seinen Sohn, der mit seiner Vorstellung vom Leben „Schiffbruch" erlebt hatte, freudig wieder zu Hause auf.
Er umarmte ihn, gab ihm festliche Kleidung und feierte ein fröhliches Willkommensfest. (evtl. ausführlicher erzählen)
Für mich ist dieses Gleichnis auch ein Bild für den barmherzigen Umgang mit anderen Menschen und mit mir selbst.
Was empfinde ich in meinem Leben als missglückt, verloren gegangen, verpasst, verpatzt?
Welchen Platz haben diese Erfahrungen? Sind sie bedrückend, belastend?
Kann ich das Verlorene annehmen, aufnehmen, integrieren, würdigen und „umarmen"?
Wie kann ich den „Verlierer in mir" mit einem würdigen Gewand ausstatten und einladen, das Leben zu feiern?

Die eigenen Schätze entdecken

Geschichten können helfen, die eigenen Ressourcen und inneren Schätze zu entdecken, das Wertvolle nicht bei den Anderen zu suchen, sondern bei sich selbst.

Der Schatz, frei nacherzählt nach einer Geschichte von Martin Buber[102]

Rabbi Eisik aus Krakau war im Traum befohlen worden, nach Prag zu reisen. Unter einer Brücke, die zum Schloss führt, sei ein Schatz zu finden. Der Rabbi zweifelte, ob er einem Traum trauen und sich auf die beschwerliche Reise machen sollte. Als aber der Traum ein zweites und drittes Mal wiederkehrte, beschloss er, nach Prag zu wandern. Dort angekommen fand er bald die Brücke. Doch sie war bewacht. Er traute sich nicht zu suchen und zu graben. So schlich er bis zum Abend um diese Brücke herum, bis ein Wachtmann auf ihn aufmerksam wurde.
„Was will er hier?" -fragte der Wachtmann. Der Rabbi erzählte treuherzig seinen Traum.
Als der Wachtmann alles angehört hatte, fing er an zu lachen und rief; „Was bist du für ein Kerl, der sich von einem Traum hierher treiben lässt. Da hätte ich mich ja auch auf die Beinen machen müssen, als mir träumte, in der Stadt Krakau sein ein Schatz verborgen, unterm Ofen im Haus eines Juden. Eisik sollte er heißen." Und er lachte noch einmal herzhaft.

[102] Buber: Die Erzählungen der Chasidim S. 720

Der Rabbi verneigte sich und wanderte zurück nach Krakau, ging in seine Stube, grub unterm Ofen und fand den Schatz. Und er ließ ein Bethaus bauen.

Fragen:
Sind in mir womöglich auch Schätze verborgen, von denen ich noch gar nicht wusste?
Welche Schätze kann ich „im eigenen Haus", in mir, in meinem Umfeld entdecken und heben?

7.14. Hoffnungsbildern nachgehen

In der Familientherapie gibt es den Ansatz, die Lebensgeschichte eines Menschen neu zu entwerfen, sie gedanklich so zu verändern, dass sie als hoffnungsvoll empfunden werden kann. Die Hoffnungen und Sehnsüchte gewinnen somit Realitätsbezug. Sie stehen als ermutigende Vision vor Augen, die hilft, die eigene Biografie, die Beziehungen zu andern Menschen neu zu gestalten oder eigene Erfahrungen anders zu bewerten.
Was auf diese Weise therapeutisch „inszeniert" wird, geschieht im Alltag oft ganz unbewusst. Unsere inneren Bilder sind oft aufgeladen mit Hoffnung. Das ist auch gut so. Das macht uns stark und zuversichtlich. Hoffnungsbilder verdrängen pessimistische, destruktive oder den Selbstwert mindernde Gedanken.
Einige Beispiele:
Wenn ich von meinem Vorgesetzten gedemütigt wurde, entsteht in mir ein lebendiges Bild, wie ich ihm die Meinung zu sage und ihn abtreten lasse.
Wenn ich erkrankt bin, halte ich mich fest an Bildern, die mich gesund, mobil und unternehmungsfreudig zeigen.
Wenn ich mit Sterben und Tod konfrontiert werden, kommen in mir Hoffnungsbilder auf, die dem Verlust standhalten und Trost und Zuversicht geben.
Diese Hoffnungsbilder haben eine große Kraft. Sie stärken den Lebensmut. Der Philosoph Ernst Bloch schrieb: Hoffnung ersäuft die Angst.[103]

[103] Keitel: Dass doch ein Sinn erkennbar ist… S. 73

Visionen entwickeln

Die biblischen Propheten hatte Visionen. Im Vertrauen auf Gottes Hilfe konnten sie die Zukunft in einem anderen Licht sehen. Diese Hoffnungsbilder boten sie Menschen an, die sich ihre Zukunft nur in düsteren Farben ausmalen konnten. Sie riefen auf, dem Leben erhaltenden Gott zu vertrauen.

Die alten Propheten der Bibel hatten Visionen. Sie sahen, was sich alles hoffnungsvoll verändern kann. Diese Hoffnungsbilder gaben ihnen und den Menschen, die so viele traurige Erfahrungen machen mussten, Kraft und Zuversicht.

Manchmal kann es ganz wertvoll sein, Visionen zu haben, einen hoffnungsvollen Blick in die Zukunft.
Was ist Ihre Sehnsucht? Welche guten Aussichten könnten sich auftun im Blick auf die kommende Zeit?
An welchen Hoffnungen könnten Sie festhalten, wenn auch viele Wünsche nicht in Erfüllung gehen?

Eschatologische Hoffnungsbilder

Ich kann mit einem Menschen Hoffnungsbilder der Bibel betrachten. Sie berühren und laden ein, eigene Hoffnungsbilder zu entwerfen, erhoffte Wandlungenprozesse zu beschreiben:

(A) Christus spricht: Siehe, ich mache alles neu. (Offenbarung 21, 5)
Was ist meine Sehnsucht?
Wo erhoffe ich gute Veränderung? Was müsste neu werden?
Gibt es da schon kleine Lichtblicke, die mir zeigen, dass es gut ist, weiter zu hoffen?
Was könnte mir helfen, die Hoffnung nicht aufzugeben, an ihr festzuhalten?

(B) Johannes, Verfasser der Offenbarung, lädt Menschen ein, in bedrückender Situation mit den Augen der Hoffnung zu sehen:
Ich sah einen neuen Himmel und eine neue Erde.
Und eine Stimme sprach: Siehe da, die Hütte Gottes bei den Menschen.
Er wird bei ihnen wohnen und sie werden sein Volk sein.
Und er selbst, Gott mit ihnen, wird ihr Gott sein.
Gott wird abwischen alle Tränen von ihren Augen.
Der Tod wird nicht mehr sein,

noch Leid noch Geschrei noch Schmerz wird mehr sein.
Christus spricht: Siehe, ich mache alles neu. (Offenbarung 21, 1+3-5)

Was würde sich ändern, wenn ich mein Leben, meine Lebensumstände mit den Augen der Hoffnung sehen könnte?

Anknüpfen an hoffnungsvollen Wendungen

Selbst wenn Menschen mehr Grund zum Klagen haben, signalisieren sie oft, dass sie hoffen können, es sei denn, sie durchleben gerade eine depressive Phase. Die Hoffnung drückt sich oftmals in Bilder aus: „Da klammert man sich eben an jeden Strohhalm." - „Die Hoffnung stirbt zuletzt." - „Es ist noch nicht aller Tage Abend." Diese Signale kann ich im Gespräch wahrnehmen und aufgreifen.
Sie *sagen: Die Hoffnung stirbt zuletzt.*
Das bedeutet: Die Hoffnung ist ganz lebendig? Da ist etwas, was Ihnen Kraft gibt, was das Schwere mit trägt?
Was macht das mit Ihnen, dass Sie so eine Kraft in sich haben?

Die eigene Biografie hoffnungsvoll weitererzählen

In einem Gespräch, in dem die Klage zu viel Raum gewonnen hat, setze ich eine Zäsur:
„Nun haben Sie mir erzählt, wie schlimm alles gekommen ist. Ich überlege, wie sich etwas zum Guten hin wenden könnte und möchte Sie einladen, Ihre Geschichte einfach weiter zu erzählen in die Zukunft hinein. Wie könnte es hoffnungsvoll weitergehen? Wie könnte sie ein gutes Ende haben?
(Erzählen)
Was könnte Wirklichkeit werden? Was wäre zu tun, damit sich etwas in diese positive Richtung bewegt, dass sich etwas zum Guten hin verändert? Welcher erste Schritt wäre Ihnen möglich?

Hoffnungsbilder malen

Manchmal bietet sich die Gelegenheit, mit Farben auf Papier zu malen, was im Innersten bewegt. Dabei haben die Farben unterschiedliche Ausdruckskraft und bieten unterschiedliche Deutungsmöglichkeiten. Motive können Symbolgehalt haben. So kann ich dazu anregen, Hoffnungsbilder zu malen. Auf diese Weise können Bilder entstehen, die einem Menschen immer wieder vor Augen stehen, begleiten und ermutigen.

Exkurs: Intuitives Malen

Intuitives Malen (oder auch Ausdrucksmalen) ist von Arno Stern nach dem Zweiten Weltkrieg entwickelt worden. Er arbeitete mit traumatisierten Waisenkindern. Im Malprozess bot sich den Kindern die Möglichkeit, ihren Emotionen Farben zuzuordnen, den Gefühlen freien Lauf zu lassen (auch in dem Sinn, dass die Farben auf dem Papier ineinander laufen und sich dadurch neue Blicke auftun). Bedrohliches lässt sich übermalen, Dunkles lässt sich aufhellen. Durch die Ausdrucksmöglichkeit lösen sich Spannungen. Der Malende hat beim Gestalten nicht den Eindruck hilflos zu sein. Er ist der Akteur. Er ist in der Lage, das Angstmachende selbst wegzuwischen, zumindest erst einmal auf dem Papier.
Ich hab in unterschiedlichen Gruppen mit dem Ausdrucksmalen gearbeitet, habe dazu Acrylfarben verwendet und große Bögen Papier. Es sind überraschend ermutigende Bilder entstanden. So lassen sich auch Hoffnungsbilder entwerfen, die sich durch den intensiven Malprozess tief einprägen.

Inspirierende Fragen:
Was liegt mir gerade auf der Seele?
Gibt es etwas in mir, was nach Ausdruck verlangt?
Welche Farben wähle ich, um meine Emotionen auszudrücken?
Male ich mit Pinsel, mir den Fingern, mit dem Schwamm?

Regeln für das Intuitive Malen:

- Ich male, was ich will, aber intuitiv, „aus dem Bauch heraus“.
- Ich male, wie ich will.
- Ich spreche nicht während des Malprozesses.
- Es gibt keine Bewertung, keine Ausdeutung.
- Das Bild muss nicht schön sein. Es muss kein Motiv erkennbar sein.
- Der Malprozess ist wesentlich, nicht das Werk.

Eine meditative Einstimmung in den Malprozess:

Jetzt bin ich hier in diesem Raum.
Ich nehme mir jetzt Zeit, Zeit für mich.
Ich bin hier und darf sein, wie ich bin.
Ich habe viel mitgebracht, hier her:

Die Erlebnisse des Tages
meine Gefühle,
vielleicht manchen Ärger, Enttäuschungen, Angst, Sorgen,
vielleicht auch Freude und Lust, etwas zu schaffen, zu gestalten, zu malen.

Jetzt bin ich hier
und kann malen mit allen Farben, die es gibt,
mit dunklen, kräftigen,
mit hellen, leuchtenden,
so bunt, wie das Leben ist.
Ich kann malen, was ich will und wie ich will.
Was ich fühle, vielleicht auch ganz tief drinnen, darf heraus.
Meine inneren Bilder, Vorstellungen, Bewegungen dürfen heraus aufs Papier.
Es gibt hier keine Tabus,
keine Vorschriften, an die ich mich halten müsste.
Es gibt keine Bewertungen und Beurteilungen.
Ich male für mich.
Ich muss kein schönes Bild malen.
Ich male, wie mir gerade ist.
Was ich auch aufs Papier bringe, es ist gut und richtig,
denn es ist ein Stück von mir, von meinem Denken und Fühlen.
Was die anderen denken oder sagen könnten, ist mir nicht wichtig.
Ich darf mich frei fühlen.
Ich darf mich frei malen.
Ich male so, wie es mir gut tut.
Und jeder Pinselstrich fügt sich zu einem einzigartigen Bild.

Nach dem Malen kann über den Prozess oder auch über das Bild gesprochen werden.

Gedanken zum Titelbild

Mauern bemalen.
Sich nicht abfinden mit den Begrenzungen,
sie verändern.
Dunkles aufhellen.
Das Mauergrau überdecken.
Neue Perspektiven im Kopf haben.
Nach bestärkenden Motiven suchen.
Neue Bilder entwerfen
mit allen Farben, die das Leben bereithält.
Mut haben,
Vertrauen in die eigene Kreativität.
Die eigenen Fähigkeiten entdecken
und nutzen.
Fantasie haben, sich ausprobieren.
Das Blau vom Himmel holen,
das Gelb vom Sand am Meer,
das Rot von der Liebe.
Vor Freude sprühen.
Das Leben bunt gestalten.
Und am Ende steht mir vor Augen,
was mir gut tut,
was mich stärkt und nährt:
Der gedeckte Tisch,
die neu geschaffene Einladung
zum Leben.

„Mit Gott kann ich über Mauern springen."
Psalm 18, 30

Dank und Bitte

Meinen Töchtern, Anna-Theres Heiner und Pauline Götz, beide Therapeutinnen, danke ich für ihre Unterstützung und Beratung.

Für alle orthografischen Mängel bitte ich die Leser um Entschuldigung. Die Fehler schlichen sich ein und machten sich, zumindest für meine Augen, unsichtbar. Mir war es auch nicht möglich, ein Lektorat in Anspruch zu nehmen. Ich bitte also um Nachsicht.

Ulrich Götz

Verwendete Literatur

Adamek, Karl:
Singen als Lebenshilfe. Zur Empire und Theorie von Alltagsbewältigung. Münster 1996
Baldermann, Ingo:
Die Bibel- Buch meiner Sehnsucht. München 2007
Baldermann, Ingo:
Wer hört mein Weinen? Kinder entdecken sich selbst in den Psalmen. Neukirchen-Vluyn 1993
Baltes, Paul B.:
Entwurf einer Lebensspannenpsychologie der Sehnsucht.
in Psychologische Rundschau 59. Göttingen 2009
Baumotte, Manfred (Hrsg.):
Angelus Silesius. Der Himmel ist in dir. Von der Seelenlust mystischer Frömmigkeit. Zürich und Düsseldorf 1997
Beushausen, Jürgen:
Ressourcenorientierte stabilisierende Intervention. In Kontext, 41, 4, Göttingen 2010
Boisson, Ulrike:
Gesang als therapeutisches Medium bei depressiv verstimmten Patienten. Dissertation. Med. Fakultät München 2005
Brüllmann, Richard:
Lexikon der Martin-Luther-Zitate. Wiesbaden 1983
Buber, Martin:
Die Erzählungen der Chassidim. Zürich 1990
Bukowski, Peter:
Humor in der Seelsorge. Eine Animation. Wuppertal 2001
Diegelmann, Christa/ Isermann, Margarete (Hrsg.):
Ressourcenorientierte Psychoonkologie. Psyche und Körper ermutigen. Stuttgart 2010
Diegelmann, Christa:
Trauma und Krise bewältigen. Psychotherapie mit TRUST. Stuttgart 2009
Dyckhoff, Peter:
Atme auf. 77 Übungen zur Leib- und Seelsorge. München 2001
Dyckhoff, Peter:
Ruhegebet. München 2009
Ehm, Simone/ Utsch, Michael (HG:):
Kann Glaube gesund machen? Spiritualität in der modernen Medizin. EZW-Texte Nr. 181.Berlin 2005
Emmons, Robert A.:
Vom Glück, dankbar zu sein. Frankfurt 2008

Eschmann, Holger:
Dem Teufel ins Gesicht lachen. Veröffentlicht in Pastoraltheologie 87. Jg. (1998)
Frankl, Viktor, E.:
Die Sinnfrage in der Psychotherapie. München 1981
Frankl, Viktor, E.:
...trotzdem ja zum Leben sagen. Ein Psychologe erlebt das Konzentrationslager. München 2009
Fromm, Erich:
Ihr werdet sein wie Gott. Stuttgart 1981
Groß, Daniel:
Rationalisierung im Gesundheitswesen aus Sicht der medizinischen Ethik. www.kas.de
Grossmann, Konrad Peter:
Narrative Therapie. www.narrative.ch
Grün, Anselm:
Geistliche Begleitung bei den Wüstenvätern. Münsterschwarzach 2002
Grün, Anselm:
Wege durch die Depression. Spirituelle Impulse. Freiburg 2008
Gschwend, Gaby:
Traumapsychotherapie. Ein Manual für die Praxis, Göttingen 2004
Hell, Daniel:
Die Sprache der Seele verstehen. Die Wüstenväter als Therapeuten. Freiburg 2006
Hess, Peter:
Die heilende Kraft der Klangmassage. München 2012
Hüther, Gerald et.al. (Hrsg.):
Damit das Denken Sinn bekomm. Spiritualität, Vernunft und Selbsterkenntnis. Freiburg 2009
Jaschke, Helmut:
Aus der Tiefe rufe ich, Herr, zu dir. Psychotherapie aus den Psalmen. Freiburg 1990
Josuttis, Manfred:
Kraft durch Glauben. Biblische, therapeutische und esoterische Impulse für die Seelsorge. München 2008
Kather, Regine:
Gottesgarten, Weltrad und Uhrwerk. Bilder vom Kosmos, in TightRope-the digital journal Art, Scienc. Philosphy 4/ 1995
Keitel, Hilma:
"Dass doch ein Sinn erkennbar ist in all dem Geschehen." Wie Mitarbeiter aus Pflege und Medizin über Hoffnung reden. Dissertation, Hamburg 2006

Klar, Sabine:
Material zur Menschenkunde I,2. Systemisch orientierte Psychotherapie und Beratung, IAM Wien 2006
Klein, Diethard H (Hrsg.):
Das große Hausbuch der Heiligen. Augsburg 1995
Kögler, Monika:
Spiritualität als Ressource? Diplomarbeit. München 2006
Küpper-Popp, Karolin/ Lamp, Ida (Hrsg.):
Rituale und Symbole in der Hospizarbeit. Gütersloh 2010
Lammer, Kerstin:
Kalter Schweiß auf dem Rücken. Seelsorge nach traumatischen Erlebnissen, in Deutsches Pfarrerblatt 4/ 2009
Lohse, Timm H.:
Das Kurzgespräch in der Seelsorge und Beratung. Göttingen 2006
Maercker, Andreas (Hrsg.):
Posttraumatische Belastungsstörung. Heidelberg 2009
Mettnitzer, Arnold:
Klang der Seele. Sinn suchen, trösten, ermutigen in Psychotherapie und Seelsorge. Wien-Graz-Klagenfurt 2009
Monbourquette, Jean:
Psychologie und Spiritualität: Warum Selbstwertschätzung beides braucht. München 2008
Morgenthaler, Christoph:
Systemische Seelsorge: Impulse der Familien- und Systemtherapie für die Kirchliche Praxis. Stuttgart 2002
Müller, Else:
Der Klang der Bilder. Phantasiereisen mit Klangschalen. Frankfurt/Main 1996
Mundhenk, Ronald:
Der geteilte Mantel: Psychisch kranke Menschen seelsorgerlich begleiten. Schenefeld 2005
Murken, Sebastian:
Gottesbeziehung und psychische Gesundheit. Die Entwicklung eines Modells und seine empirische Überprüfung. Münster 1998
Neumann, Ingo:
Die drei Arbeitsrichtungen der Seelsorge. Leipzig 2006
Nuber, Ursula:
Resilienz: Immun gegen das Schicksal? in Psychologie heute 9/ 2005
Ohm, Dietmar:
Lachen, lieben-länger leben. Gesundheitspsychologie im Alltag. Stuttgart 1997
Ovaska, Heidi:
Aspekte der Melancholietherapie in Martin Luthers Trostbriefen. Dissertation. Universität Helsinki 2010

Peseschkian, Nossrat:
Positive Psychotherapie: Theorie und Praxis einer neuen Methode. Stuttgart 2010
Peseschkian, Nossrat:
Wenn du willst, was du noch nie gehabt hast, dann tu, was du noch nie getan hast. Freiburg 2003
Piron, Harald:
Transpersonale Verhaltenstherapie. Von der Stagnation zur Transformation. Petersberg 2007
Reddemann, Luise:
Eine Reise von 1.000 Meilen beginnt mit dem ersten Schritt. Freiburg 2010
Reddemann, Luise:
Psychodynamisch Imaginative Traumstherapie. PITT- Das Manual, Stuttgart 2004
Reddemann, Luise:
Trauma und Imagination. Vortrag von 2000, veröffentlicht in www.traumhaus-bielefeld.de
Reddemann, Luise:
Überlebenskunst. Stuttgart 2007
Schipperges, Heinrich(Hrsg.):
Hildegard von Bingen: Welt und Mensch. Das Buch: De Oferatone Die. Salzburg 1986
Schlippe, Arist von/ Schweitzer, Jochen:
Systemische Intervention. Göttingen 2010
Seligman, Martin:
Der Glücks-Faktor. Warum Optimisten länger leben. Köln 2010
Sellin, Ina:
Varianten der Selbstwertschätzung und Hilfesuche. Dissertation. TU Chemnitz 2003
Servan-Schreiber, David: Das Antikrebsbuch. Was uns schützt: Vorbeugen und Nachsorgen mit natürlichen Mitteln. München 2008
Sölle, Dorothee:
Den Rhythmus des Lebens spüren. Freiburg 2001
Strack, Hanna:
Viriditas bei Hildegard von Bingen und ihre Bedeutung für eine Theologie des Blühens. Aufsatz. www.hanna-strack.de
Tarr, Irmtraut:
Trost - die Kunst, der Seele gut zu tun. Freiburg 2007
Utsch, Michael:
Hilft Glaube heilen? Die Bedeutung des Gebets. www.psychophysik.com
Walch, Sylvester:
Dimensionen der Seele: Transpersonale Psychologie und holotropes Atmen. Zürich 2003

Walch, Sylvester:
Transpersonale Psychologie und Holotrope Therapie. Vortrag. Wien 1996
Watzlawick, Paul
Menschliche Kommunikation: Formen, Störungen. Paradoxien. Bern 2000
Wilk, Daniel:
Auf den Schultern des Windes schaukeln. Trance-Geschichten. Heidelberg 2013
Wimmer, Karl:
Systemische Interventionen von A bis Z. Linz 2001. www.wimmer-partner.at

Textquellen:

Evangelisches Gesangbuch, Ausgabe für die Evangelisch-Lutherischen Kirchen in Bayern und Thüringen. München und Weimar o.J.

Die Bibel. Lutherübersetzung. Stuttgart 1999

MIX
Papier aus verantwortungsvollen Quellen
Paper from responsible sources
FSC® C105338

Printed by Books on Demand GmbH, Norderstedt / Germany